中国非洲研究院文库·中国脱贫攻坚调研报告

主编 蔡昉

中国脱贫攻坚调研报告
——秦巴山区篇

RESEARCH REPORTS ON THE ELIMINATION OF POVERTY IN CHINA
—QINBA MOUNTAIN AREA, SHAANXI PROVINCE

何得桂 姚桂梅 徐榕 武学雁 著

中国社会科学出版社

图书在版编目(CIP)数据

中国脱贫攻坚调研报告. 秦巴山区篇 / 何得桂等著. —北京：中国社会科学出版社，2020.5

(国家智库报告)

ISBN 978-7-5203-6775-2

Ⅰ.①中… Ⅱ.①何… Ⅲ.①扶贫—调查报告—中国 Ⅳ.①F126

中国版本图书馆 CIP 数据核字 (2020) 第 115871 号

出 版 人	赵剑英
项目统筹	王 茵
责任编辑	李海莹 周 佳
责任校对	冯英爽
责任印制	李寡寡

出 版	中国社会科学出版社
社 址	北京鼓楼西大街甲 158 号
邮 编	100720
网 址	http://www.csspw.cn
发 行 部	010-84083685
门 市 部	010-84029450
经 销	新华书店及其他书店

印刷装订	北京君升印刷有限公司
版 次	2020 年 5 月第 1 版
印 次	2020 年 5 月第 1 次印刷

开 本	787×1092 1/16
印 张	13
插 页	2
字 数	168 千字
定 价	78.00 元

凡购买中国社会科学出版社图书，如有质量问题请与本社营销中心联系调换
电话：010-84083683

版权所有　侵权必究

充分发挥智库作用
助力中非友好合作

——"中国非洲研究院文库"总序

当今世界正面临百年未有之大变局。世界多极化、经济全球化、社会信息化、文化多样化深入发展，和平、发展、合作、共赢成为人类社会共同的诉求，构建人类命运共同体成为各国人民共同的愿望。与此同时，大国博弈激烈，地区冲突不断，恐怖主义难除，发展失衡严重，气候变化凸显，单边主义和贸易保护主义抬头，人类面临许多共同挑战。中国是世界上最大的发展中国家，是人类和平与发展事业的建设者、贡献者和维护者。2017年10月中共十九大胜利召开，引领中国发展踏上新的伟大征程。在习近平新时代中国特色社会主义思想指引下，中国人民正在为实现"两个一百年"奋斗目标和中华民族伟大复兴的"中国梦"而奋发努力，同时继续努力为人类作出新的更大的贡献。非洲是发展中国家最集中的大陆，是维护世界和平、促进全球发展的重要力量之一。近年来，非洲在自主可持续发展、联合自强道路上取得了可喜进展，从西方眼中"没有希望的大陆"变成了"充满希望的大陆"，成为"奔跑的雄狮"。非洲各国正在积极探索适合自身国情的发展道路，非洲人民正在为实现《2063年议程》与和平繁荣的"非洲梦"而努力奋斗。

中国与非洲传统友谊源远流长，中非历来是命运共同体。中国高度重视发展中非关系，2013年3月习近平担任国家主席后首次出访就选择了非洲；2018年7月习近平连任国家主席后首次出访仍然选择了非洲；6年间，习近平主席先后4次踏上非洲大陆，访问坦桑尼亚、南非、塞内加尔等8国，向世界表明中国对中非传统友谊倍加珍惜，对非洲和中非关系高度重视。2018年中非合作论坛北京峰会成功召开。习近平主席在此次峰会上，揭示了中非团结合作的本质特征，指明了中非关系发展的前进方向，规划了中非共同发展的具体路径，极大完善并创新了中国对非政策的理论框架和思想体系，这成为习近平新时代中国特色社会主义外交思想的重要理论创新成果，为未来中非关系的发展提供了强大政治遵循和行动指南。这次峰会是中非关系发展史上又一次具有里程碑意义的盛会。

随着中非合作蓬勃发展，国际社会对中非关系的关注度不断提高，出于对中国在非洲影响力不断上升的担忧，西方国家不时泛起一些肆意抹黑、诋毁中非关系的奇谈怪论，诸如"新殖民主义论""资源争夺论""债务陷阱论"等，给中非关系发展带来一定程度的干扰。在此背景下，学术界加强对非洲和中非关系的研究，及时推出相关研究成果，提升国际话语权，展示中非务实合作的丰硕成果，客观积极地反映中非关系良好发展，向世界发出中国声音，显得日益紧迫和重要。

中国社会科学院以习近平新时代中国特色社会主义思想为指导，努力建设马克思主义理论阵地，发挥为党的国家决策服务的思想库作用，努力为构建中国特色哲学社会科学学科体系、学术体系、话语体系作出新的更大贡献，不断增强我国哲学社会科学的国际影响力。中国社会科学院西亚非洲研究所是当年根据毛泽东主席批示成立的区域性研究机构，长期致力于非洲问题和中非关系研究，基础研究和应用研究并重，出版和发表了大量学术专著和论文，在国内外的影响力不断扩大。以西亚非洲研究所为主体于2019年4月成立的中国非洲研究院，是习近平总书记在中非合作论坛北京峰会上宣布的加强中非人文交流行动的重要举措。

按照习近平总书记致中国非洲研究院成立贺信精神，中国非洲研究院的宗旨是：汇聚中非学术智库资源，深化中非文明互鉴，加强治国理政和发展经验交流，为中非和中非同其他各方的合作集思广益、建言献策，增进中非人民相互了解和友谊，为中非共同推进"一带一路"合作，共同建设面向未来的中非全面战略合作伙伴关系，共同构筑更加紧密的中非命运共同体提供智力支持和人才支撑。中国非洲研究院有四大功能：一是发挥交流平台作用，密切中非学术交往。办好"非洲讲坛""中国讲坛""大使讲坛"，创办"中非文明对话大会"，运行好"中非治国理政交流机制""中非可持续发展交流机制""中非共建'一带一路'交流机制"。二是发挥研究基地作用，聚焦共建"一带一路"。开展中非合作研究，对中非共同关注的重大问题和热点问题进行跟踪研究，定期发布研究课题及其成果。三是发挥人才高地作用，培养高端专业人才。开展学历学位教育，实施中非学者互访项目，培养青年专家、扶持青年学者和培养高端专业人才。四是发挥传播窗口作用，讲好中非友好故事。办好中国非洲研究院微信公众号，办好中英文中国非洲研究院网站，创办多语种《中国非洲学刊》。

为贯彻落实习近平总书记的贺信精神，更好地汇聚中非学术智库资源，团结非洲学者，引领中国非洲研究工作者提高学术水平和创新能力，推动相关非洲学科融合发展，推出精品力作，同时重视加强学术道德建设，中国非洲研究院面向全国非洲研究学界，坚持立足中国，放眼世界，特设"中国非洲研究院文库"。"中国非洲研究院文库"坚持精品导向，由相关部门领导与专家学者组成的编辑委员会遴选非洲研究及中非关系研究的相关成果，并统一组织出版，下设六大系列丛书："学术著作"系列重在推动学科发展和建议，反映非洲发展问题、发展道路及中非合作等某一学科领域的系统性专题研究或国别研究成果；"经典译丛"系列主要把非洲学者以及其他方学者有关非洲问题研究的经典学术著作翻译成中文出版，特别注重全面反映非洲本土学者的学术水平、学术观点和对自身发展问题的认识；"法律译丛"系列即翻译出版非洲国家的投资法、矿业法、建筑法、环保法、劳动法、税法、海关法、土地法、金融法、仲裁法等等重要法律法规，以及非洲大陆、区域和次区域组织法律文件；"智库报告"系列以中非关系为研究主线，中非各领域合作、国别双边关系及中国与其他国际角色在非洲的互动关系为支撑，客观、准确、翔实地反映中非合作的现状，为新时代中非关系顺利发展提供对策建议；"研究论丛"系列基于国际格局新变化、中国特色社会主义进入新时代，集结中国专家学者研究非洲政治、经济、安全、社会发展等方面的重大问题和非洲国际关系的创新性学术论文，具有学科覆盖面、基础性、系统性和标志性研究成果的特点；"年鉴"系列是连续出版的资料性文献，设有"重要文献""热点聚焦""专题特稿""研究综述""新书选介""学刊简介""学术机构""学术动态""数据统计""年度大事"等栏目，系统汇集每年度非洲研究的新观点、新动态、新成果。

期待中国的非洲研究和非洲的中国研究在中国非洲研究院成立的新的历史起点上，凝聚国内研究力量，联合非洲各国专家学者，开拓进取，勇于创新，不断推进我国的非洲研究和非洲的中国研究以及中非关系研究，从而更好地服务于中非共建"一带一路"，助力新时代中非友好合作全面深入发展。

中国社会科学院副院长
中国非洲研究院院长
蔡　昉

摘要： 消除贫困、改善民生、逐步实现共同富裕，是社会主义的本质要求，也是中国共产党的重要使命。党的十八大以来，为确保到2020年所有贫困地区和贫困人口一同迈入小康社会，中国动员全党全国全社会力量，向告别绝对贫困发起总攻。作为新时代中国脱贫攻坚主战场之一的秦巴山集中连片特殊困难地区（简称秦巴山区）在继承发展马克思主义反贫困思想的基础上，通过实施精准扶贫、精准脱贫基本方略，积极探索脱贫攻坚的有效实现路径，为稳定脱贫和质量脱贫做出了应有的努力和贡献。秦巴山区在脱贫攻坚进程中，通过因地制宜地发展特色产业，有效带动和实现山区贫困群众的增收致富；通过精准搬迁、精确实施和精细管理，确保搬迁群众"搬得出、稳得住、有就业、逐步能致富"，解决了"一方水土养不起一方人"的难题；通过坚持扶贫与扶志、扶智相结合，充分调动贫困地区和贫困人口的积极性，有效激发脱贫内生动力，切实阻断贫困代际传递，确保了贫困地区和贫困群众的脱贫质量；通过认真践行"绿水青山就是金山银山"的理念，秦巴山区充分利用当地生态资源并发挥生态优势，以生态保护和治理促进区域经济可持续发展，走出了一条具有地方特色的"生态脱贫之路"。与此同时，党政军机关、企事业单位开展定点扶贫，是中国特色扶贫开发事业的重要组成部分；陕西省丹凤县在中国社会科学院的帮助下，积极探索深度贫困地区脱贫攻坚的有效实现方式，为如期高质量打赢脱贫攻坚战贡献了"丹凤力量"。秦巴山区脱贫实践和成效是中国摆脱绝对贫困的一个缩影。新时代中国脱贫攻坚经验反映了时代发展的趋势，具有先进性；它的特点和机制具有可推广性。在告别绝对贫困之后，中国将致力于解决相对贫困问题并实施乡村振兴战略，确保脱贫攻坚成果经得起历史和人民的检验。

关键词： 秦巴山区；脱贫攻坚；贫困治理；精准扶贫；精准脱贫

Abstract: Eradicating poverty, improving people's lives and gradually achieving common prosperity are the essential requirements of socialism and the important mission of the Communist Party of China. Since the 18th National Congress of the Communist Party of China, in order to ensure that all poverty areas and the poor will synchronize into an all-round moderately prosperous society in 2020, China mobilized the power of whole party, country and society to launched a general attack to bid farewell to absolute poverty. As one of the major battle site for poverty alleviation in China in the new era, on the basis of inheriting and developing Marxist anti-poverty thought, Qinba Mountain contiguous area with acute difficulties (henceforth referred to as Qinba Mountainous Area) actively explored the effective way to realize poverty alleviation through the implementation of the basic strategies of targeted poverty alleviation which made efforts and contributions for the stabilization and quality of poverty alleviation. In the process of poverty alleviation in Qinba Mountainous Area, through developing characteristic industries according to local conditions, Qinba Mountainous Area effectively promoted and realized the income increase of the poor in mountainous area. Through precise relocation, accurate policy and refined management, the relocated are ensured "moving out, maintaining stability, obtaining employment and can gradually getting rich" and the problem of "The unique features of a local environment can not give special characteristics to its inhabitants." are solved. Through insisting on the combination of poverty alleviation, attitude change and education support and fully mobilizing the enthusiasm of poverty areas and the poor, Qinba Mountainous Area effectively stimulated the endogenous impetus of the poor, block the inter-generational transmission of poverty and ensure the quality of poverty alleviation. Through conscientiously practicing the conviction that "lucid waters and lush mountains are invaluable assets", Qinba Mountainous Area made full use of local ecological resources, exerted ecological advantages, promoted the sustainable development of regional economy by ecological protection and governance and formed "The ecological road out of poverty" which full of local characteristics. At the same time, party, government, army institutions and enterprises began to take part in targeted poverty alleviation, which is an important part of poverty alleviation with Chinese characteristics. In Shanxi Province, with the help of the Chinese Academy of Social Sciences, Danfeng County actively explored the effective way to realize poverty alleviation in deep poverty areas, which contributed the "Danfeng Power" for winning the poverty alleviation battle in high-quality. The practice and effectiveness of poverty alleviation in Qinba Mountainous Area is a microcosm of Chinese practice to get rid of absolute poverty. In the new era, Chinese experience in poverty alleviation reflected the development trend of the times and it is advanced. Besides, its characteristics and mechanisms are propagable. After bidding farewell to absolute poverty, China will dedicated to solving the problem of relative poverty and implementing the strategy of rural revitalization to ensure the results of poverty alleviation can stand up to the test of history and people.

Key words: Qinba Mountainous Area, Poverty Alleviation, Poverty Governance, Targeted Poverty Reduction, Targeted Poverty Eliminati

目 录

绪论 秦巴山区换新颜 ………………………………… (1)
 (一)告别贫困:贫困治理的理论与实践 ……………… (1)
 (二)秦巴山区的减少贫困与生态保护状况 …………… (5)
 (三)秦巴山区脱贫攻坚的新成就与新亮点 …………… (9)

一 秦巴山区减贫与发展的历史进程 ………………… (13)
 (一)在历史长河中不断成长的秦巴山区 ……………… (13)
 (二)中华人民共和国成立到改革开放前秦巴山区的
   开发 …………………………………………………… (17)
 (三)党的十一届三中全会到党的十八大前秦巴山区的
   减贫与发展 …………………………………………… (22)
 (四)党的十八大以来秦巴山区脱贫攻坚奔小康的
   奋进步伐 ……………………………………………… (27)

二 集中连片特困地区的产业脱贫 …………………… (38)
 (一)"秦岭药库"的减贫效应及其启示 ………………… (38)
 (二)"小核桃"成为商洛脱贫致富大产业 ……………… (44)
 (三)"小木耳 大产业"的柞水脱贫之路 ……………… (50)
 (四)电商扶贫助力摆脱贫困的山阳实践 ……………… (57)

（五）综合施策推进产业扶贫的城固探索……………（63）
　　（六）破解产业与资金双重困境的汉阴实践…………（74）

三　易地搬迁：破解"一方水土养不起一方人"难题………（83）
　　（一）商洛移民搬迁"三精管理"模式斩断穷根　……（83）
　　（二）镇安县"双示范"社区建设推进移民搬迁　……（87）
　　（三）安康"社区工厂"实现搬迁户脱贫　……………（90）
　　（四）南郑振兴传统产业与贫困户居家灵活就业………（96）

四　志智双扶：让脱贫具有可持续内生动力………………（101）
　　（一）石泉县有效激发贫困群众脱贫的内生动力………（101）
　　（二）丹凤县建设爱心超市激发贫困村庄凝聚力………（109）
　　（三）镇安县"户分三类"举措有效实现精准脱贫………（115）
　　（四）留坝县扶贫互助合作推动脱贫攻坚　……………（119）

五　以生态建设实现贫困山区可持续发展……………………（125）
　　（一）商洛以脱贫攻坚引领贫困山区生态建设和
　　　　　发展………………………………………………（125）
　　（二）汉滨区瀛湖镇实现生态环保与脱贫攻坚互动
　　　　　双赢………………………………………………（132）
　　（三）宁陕县推进"生态＋"扶贫变绿水青山为
　　　　　金山银山…………………………………………（137）
　　（四）淅川县以生态经济发展助力脱贫攻坚成果
　　　　　巩固………………………………………………（142）

六 定点扶贫：助力打赢深度贫困地区脱贫攻坚战 ………（149）
 （一）丹凤县武关镇梅庄村壮大集体经济的蝶变
   之路 ……………………………………………（149）
 （二）扶持龙头企业实现贫困群众精准脱贫 …………（157）
 （三）定点扶贫助力丹凤县脱贫的实践及其启示 ……（162）
 （四）丹凤积极探索脱贫攻坚与农村低保有效衔接 …（168）

结语 从脱贫攻坚迈向乡村振兴 …………………………（174）
 （一）从秦巴山区实践看中国脱贫 ……………………（174）
 （二）从摆脱绝对贫困到解决相对贫困 ………………（178）
 （三）从打赢脱贫攻坚战到实现乡村振兴 ……………（180）

主要参考文献 ……………………………………………（183）

后　记 ……………………………………………………（189）

绪论 秦巴山区换新颜

摆脱贫困是人类孜孜以求的目标。"消除贫困、改善民生、实现共同富裕，是社会主义的本质要求。"[①] 让人民能够过上好日子，是中国共产党和中国政府一切工作的出发点和落脚点。特别是党的十八大以来，中国把集中连片特殊困难地区作为脱贫攻坚的主战场，注重增强贫困地区和扶贫对象的自我发展能力；秦巴山区摆脱绝对贫困，面貌焕然一新。

（一）告别贫困：贫困治理的理论与实践

作为发展中的大国，中国致力于减贫与发展，并取得卓越成就。集中连片特困地区脱贫攻坚实践蕴含着治理贫困的科学路径与有效经验。在脱贫攻坚即将取得全面胜利背景下，有必要认真总结和研究中国脱贫经验，以有效巩固脱贫攻坚成果并助力乡村振兴。

1. 中国贫困治理的总体历程

新中国成立70多年以来，中国持续推进贫困治理，实现最广大人民群众根本利益。新中国贫困治理的总体历程可概括为

[①] 中共中央党史和文献研究院编：《习近平扶贫论述摘编》，中央文献出版社2018年版，第3页。

以下几个阶段。

一是实施计划经济体制下的广义扶贫期（1949—1977年）。这一时期中国扶贫主要是小规模的救济式扶贫，对边远落后地区基本生活无保障的困难人口、因灾致贫人口、战争伤残人口等群体，依靠自上而下的民政救济系统提供"输血式"生活救济，同时也开展大规模的基础设施建设，初步建立以社区五保制度和农村特困人口救济为主的农村社会基本保障体系。二是经济体制改革引发的大规模缓解贫困期（1978—1985年）。这一时期的贫困治理主要是依靠改革红利带动贫困消减。通过推进农村改革，推行以家庭承包经营为基础、统分结合的双层经营体制，推进农村经济体制深化变革，极大地解放了农村生产力，直接带动农产品产量的上升以及农村人口收入水平提升，有效消减了农村贫困问题。三是制度化、区域性开发式扶贫时期（1986—2000年）。随着经济社会发展，农村改革发展生产直接减贫的效果逐渐减缓。中国于1986年成立了专门的扶贫机构——国务院贫困地区经济开发领导小组（后更名为国务院扶贫开发领导小组），启动了大规模、制度化、规范化的扶贫工作。扶贫工作瞄准贫困区域，采取开发式扶贫策略，以项目为主要承载。1994年出台《国家八七扶贫攻坚计划》，力争用7年左右时间，基本解决8000万农村贫困人口温饱问题，扶贫瞄准更为具体，措施更为综合，资金投入力度更大，到2000年年底目标基本实现。四是整村推进与"双轮驱动"时期（2001—2012年）。出台《中国农村扶贫开发纲要（2001—2010）》，在全国中西部地区确定592个国家扶贫开发重点县，把贫困瞄准中心下移到村，在全国范围内确定15万个贫困村，实施以整村推进、产业发展、劳动力转移为重点的扶贫开发。并于2007年全面实施农村最低生活保障制度，推进扶贫开发与农村低保"双轮驱动"。五是精准扶贫、精准脱贫时期（2013年至今）。党的十八大以来，以习近平同志为核心的党中央高度重视扶贫开发工作，将扶贫开发摆到治国理政重要位置，形成一系列围绕贫困治理的新思想、新认识、新部署。采取一系列超常规举措，确保2020年实现全面消除绝对贫困。

2. 党中央国务院对脱贫攻坚的决策部署

自中华人民共和国成立以来，特别是改革开放以来，中国的治国理政水平不断提升，国家治理体系和治理能力不断完善；经济发展水平持续提升，消灭绝对贫困的经济基础得到有效建构。2012年11月召开的中国共产党第十八次全国代表大会提出了到2020年全面建成小康社会的目标。2013年11月3日，习近平总书记在湘西土家族苗族自治州花垣县排碧乡十八洞调研考察时首次提出"精准扶贫"，指出扶贫开发成败之举在于精准，要做到"扶持对象精准、项目安排精准、资金使用精准、措施到户精准、因村派人精准、脱贫成效精准"。为了如期全面建成小康社会，2015年11月党中央、国务院颁布了《中共中央国务院关于打赢脱贫攻坚战的决定》，以精准扶贫、精准脱贫作为基本方略，举全党全社会之力，确保到2020年在中国现行标准[①]下农村贫困人口实现脱贫，贫困县全部摘帽，解决区域性整体贫困。2017年10月召开的中国共产党第十九次全国代表大会强调要把人民对美好生活的向往作为奋斗目标，并提出要坚决打好防范化解重大风险、精准脱贫、污染防治的三大攻坚战。2018年6月15日《中共中央国务院关于打赢脱贫攻坚战三年行动的指导意见》发布，指出要有更有力的行动、更扎实的工作如期完成脱贫攻坚任务，特别强调了要集中力量支持深度贫困地区脱贫攻坚。从2015年至2020年3月，习近平总书记就打赢

---

① 国家2015年农村贫困人口脱贫标准为：达到不愁吃、不愁穿，农村贫困人口义务教育、基本医疗、住房安全有保障的"两不愁，三保障"标准，年人均纯收入达到2855元。

脱贫攻坚战召开了7个专题会议，召集相关省份负责同志进行工作部署。此外，党的十九大报告提出乡村振兴战略，《中共中央国务院关于实施乡村振兴战略的意见》作为2018年中央一号文件发布，2019年中央一号文件提出了坚持农业农村优先发展的总方针，为贫困地区的持续发展进一步指明了方向。

3. 集中连片特困地区贯彻落实中央精神的实践路径

党的十八大以来，中国的脱贫攻坚取得举世瞩目的成就。贫困人口从2012年年底的9899万人减到2019年年底的551万人，贫困发生率由10.2%降至0.6%，连续7年每年减贫1000万人以上。① 这是中国减贫历史上的最好成绩。能够取得这样的成绩，有力地解决作为脱贫攻坚主战场的集中连片特困贫困地区的贫困问题是尤为关键的一环。《中国农村扶贫开发纲要（2011—2020年）》明确指出国家将六盘山区、秦巴山区、武陵山区、乌蒙山区、滇桂黔石漠化区、滇西边境山区、大兴安岭南麓山区、燕山—太行山区、吕梁山区、大别山区、罗霄山区等区域的连片特困地区和已明确实施特殊政策的西藏、四省藏区、新疆南疆四地州作为扶贫攻坚主战场。② 这些地区经济社会发展相对滞后，贫困发生率高，自然环境等因素造成了摆脱贫困的巨大挑战。正是集中连片特困地区脱贫攻坚的扎实推进，保证了告别绝对贫困目标能够如期实现。在此情势下，"加强脱贫攻坚总结宣传""讲好中国故事，传播中国声音"③，以中国的反贫困实践为全球贫困治理，特别是第三世界国家贫困治理贡献中国经验与中国方案具有重要价值，特别要讲好集中连片

---

① 习近平：《在决战决胜脱贫攻坚座谈会上的讲话》，《人民日报》2020年3月7日第2版。

② 资料来源于《中国农村扶贫开发纲要（2011—2020年）》。

③ 刘永富：《以习近平总书记扶贫重要论述为指导坚决打赢脱贫攻坚战》，《行政管理改革》2019年第5期。

特困地区的脱贫攻坚故事。秦巴山区因秦岭、大巴山而得名，地跨甘肃、四川、陕西、重庆、河南、湖北六省市的80个县（区、市），其主体位于陕西省南部地区（简称为陕南地区）。2010年，秦巴山区1274元扶贫标准以下农村人口有302.5万人，贫困发生率为9.9%，比全国平均水平高7.1个百分点，农民人均纯收入仅相当于全国平均水平的67.2%[①]。

从总体来看，秦巴山区摆脱绝对贫困的路径和内涵可以归结为：在聚力脱贫攻坚、全面建成小康社会的时代进程中，坚决贯彻党中央国务院方针政策，注重脱贫的顶层设计，充分发挥制度优势与政策指引作用；以精准原则为纲要，坚持分类治理、靶向施策，精确到户到人；以党的领导为关键，坚持党委领导、政府主导、多方协作的多元化组织实施方式；以产业发展为根本，构建贫困区域特色化、现代化、规模化、多元化的产业体系；以区域资源为支撑，因地制宜有效挖掘本地优势，压实地方职责，发挥基层活力；以激发贫困人口内生动力为基础，培育优良乡风民风，推进贫困人口自身能力提升；以实现区域可持续发展为导向，通过移民搬迁、生态建设、全域旅游，理顺生态保护与脱贫攻坚关系；以稳定脱贫为保障，压实贫困人口基本公共服务与社会保障，有效抵御返贫风险。大力推进贫困地区的产业发展、环境治理、基层治理和健康治理，将贫困治理嵌入贫困区域的整体治理，打造多层次、多途径、多主体的大扶贫格局，以脱贫攻坚统揽深度贫困地区区域经济社会发展全局。

（二）秦巴山区的减少贫困与生态保护状况

减贫与生态保护都是需要付出持之以恒努力的长期性事业。

[①] 资料来源于《秦巴山片区区域发展与扶贫攻坚规划（2011—2020年）》。

中国改革开放以来，秦巴山区的扶贫开发与生态保护均取得显著成效，但要实现如期高质量打赢脱贫攻坚战，实现生态保护与治理也面临着挑战。

1. 减贫效果显著但脱贫形势依然严峻

中国改革开放以来，秦巴山区的减贫效果非常显著。根据统计，地处秦巴山区腹地的陕西省商洛市1978年农民人均纯收入58.2元，贫困人口约170万人；粮食产量52.35万吨，全市经济作物和粮食作物的比例仅为0.09∶1，全市农林牧渔业总产值仅达3.18亿元。① 四川省巴中市1978年农村居民平均收入仅为119元，1978年四川省广元市农村居民人均可支配收入仅为78元。湖北省十堰市1978年全市国民生产总值仅7.23亿元，人均国民生产总值仅2249元。经济社会发展水平滞后导致贫困问题突出。到2000年，秦巴山区基本完成国家"八七扶贫攻坚"任务，基本解决区域贫困人口的温饱问题，区域内县区基本越过温饱线。21世纪以来，国家对三农工作的重视与投入显著增加，有力推动秦巴山区的减贫与发展，贫困人口进一步显著减少。秦巴山区2010年人均地区生产总值和地方财政一般预算收入分别达到11694元和455.2元，分别是2001年的3.84倍和4.4倍；一、二、三次产业结构达到21∶46∶33；2010年农村居民收入达到3978元，是2001年的2.8倍；城镇化率由2001年的16.7%提升到2010年的30.4%。②

秦巴山区减贫成绩是显著的，但是实现全面脱贫，实现区域经济社会可持续发展仍面临严峻形势。《秦巴山片区区域发展

---

① 《改革开放四十年乡村巨变展新颜——改革开放四十年商洛农业农村发展成就综述》，2018年8月1日，商洛市统计局网站，http://tjj.shangluo.gov.cn/index/ShowArticle.asp？ArticleID=2910。

② 资料来源于《秦巴山片区区域发展与扶贫攻坚规划（2011—2020年）》。

与扶贫攻坚规划（2011—2020）》显示，国家和省级扶贫开发工作重点县占该区域总县数的90%。2010年，秦巴山区1274元扶贫标准以下农村人口有302.5万人，贫困发生率为9.9%，比全国平均水平高7.1个百分点，比西部地区平均水平高3.8个百分点；农民人均纯收入仅相当于全国平均水平的67.2%。受环境条件限制，秦巴山区基础设施建设滞后，40.2%的农户存在不同程度的饮水困难，69.3%的农户存在饮水安全问题，24.7%的行政村没有完成农网改造。省际、县际断头路多，铁路网覆盖范围不足，陇南9县区整体不通高速公路。片区内50.6%的建制村不通沥青路，阻碍区域发展。同时，秦巴山区基本公共服务也存在较大短板，2010年秦巴山片区内人均教育、卫生支出仅相当于全国平均水平的56%，全国45个未控制大骨节病县中有16个在该片区，因病致贫问题突出，建立了村级卫生室的行政村不足84%，新型农村合作医疗参合率不足90%。脱贫攻坚战打响前，秦巴山区仍然有较大的贫困人口存量。以陕西省商洛市和四川省巴中市为例，商洛市2015年年底有建档立卡贫困人口16.14万户49.02万人，占到陕西省贫困人口的15.5%；有建档立卡贫困村701个，其中深度贫困村175个，占到陕西省总量的36.3%，[①] 所属7个县区均为国家扶贫开发重点县，是陕西脱贫任务最艰巨的市；巴中市2014年年底贫困人口为43.0156万人，贫困发生率14.2%，高于四川省平均水平6.5个百分点。2014年年底，巴中市人均GDP为13756元，分别仅达到全国、四川省的29.6%、39.2%。如何让帮扶资源更好地瞄准贫困人口，有效解决不同原因致贫人口面临的实际困难；如何打破"八山一水一分田"的发展困境，培育有竞争力的现代扶贫产业，实现贫困村的可持续发展；如何有效激发起

---

① 王永兴、崔福红：《商洛市今年21万人脱贫》，《陕西农村报》2018年10月26日第2版。

贫困人口脱贫致富的内生动力，更好抵御因疾病、教育、灾害造成的新致贫风险和返贫风险，是秦巴山区实现全面脱贫、质量脱贫、稳定脱贫进程中需要有效解决的。

2. 生态改善明显但综合保护与开发面临挑战

集中连片特困地区大多生态环境脆弱，同时还承担着较为重要的生态任务。理顺生态建设与脱贫开发关系是集中连片特困地区脱贫攻坚的重要一环。

秦巴山区国土总面积为22.5万平方千米，跨秦岭、大巴山，地貌类型以山地丘陵为主，地跨长江、黄河、淮河三大流域，是淮河、汉江、丹江、洛河等河流的发源地，水系发达。秦巴山区有不少地区并不适宜人类居住，但是历史上由于灾荒、朝代更迭引发的战争、封建政府的屯兵与引民拓荒，不同历史阶段均有灾民、流民或有计划的移民向秦巴山区迁移，再加上中华人民共和国成立后人口增长，一段时期内生态保护没有得到足够重视，秦巴山区生态承载面临很大压力。随着生态建设越来越得到重视，秦巴山区不断推进生态保护工作，提升生态建设水平。通过以飞播造林、退耕还林、天然林保护、自然保护区建设生态工程为抓手，秦巴山区的森林覆盖率、污水处理率、生活垃圾无害化处理率等指标均有明显提升。

但是秦巴山区在生态综合保护与开发中仍然面临着巨大挑战。秦巴山区是中国六大泥石流高发区之一，洪涝、干旱、山体滑坡等自然灾害易发多发，因灾返贫致贫现象严重。51个汶川地震极重灾县和重灾县有20个在秦巴山片区。秦巴山区是国家重要的生物多样性和水源涵养生态功能区，承担着南水北调中线工程水源保护、生物多样性保护、水源涵养、水土保持等重大任务，有85处为禁止开发区域，有55个县属于国家限制开发的重点生态功能区,① 保持生态多样性和水质清洁安全是它承担的法定责任。如何在脱贫攻坚中实现生态问题的有效治理,更加科学地开发生态资源,将生态优势转化为经济优势,避免自然灾害所造成的贫困风险,并推进特色旅游的发展,还需要秦巴山区持续探索。

(三) 秦巴山区脱贫攻坚的新成就与新亮点

2016年以来,秦巴山区决战决胜绝对贫困并取得显著成绩,主要体现在以下几方面。

在产业发展方面,积极挖掘区域资源,挖掘已有种植养殖经验,推进规模化、技术化、品牌化的特色农业发展,大多数贫困县区均形成了有较强市场竞争力、较完善产业链条的主导产业。2018年年末四川省广元市旺苍县已建成万亩亿元以上现代农业产业园18个,300—500亩"一村一品"标准化示范园97个,特色微庭园2.3万余个。② 湖北省十堰市2018年年底共发展特色产业基地601万亩,农产品加工产值421.3亿元,456个贫困村发展合作社1215家。陕西省商洛市发展食用菌3.2亿袋,生产鲜香菇37.5万吨,产量居陕西省第一。商洛市核桃种植总面积达到341.9万亩,产量达16.5万吨,综合产值突破50亿元,全国核桃价格指数发布平台落户商洛市洛南县,并建成了西北核桃交易中心线上交易平台,③ 特色产业发展有效增强了

---

① 资料来源于《秦巴山片区区域发展与扶贫攻坚规划 (2011—2020年)》。

② 常力强:《开辟秦巴山区脱贫奔康新路子》,《农民日报》2018年11月20日第6版。

③ 张治有、陈新:《2019年商洛核桃产业十大亮点》,2020年2月20日,商洛市林业局网站,http://lyj.shangluo.gov.cn/pc/index/article/98098。

山区自我发展能力，为贫困人口脱贫致富提供有力支撑。

在移民搬迁方面，坚持"精准搬迁、精确施策、精细管理"，以实现移民搬迁贫困人口"搬得出、稳得住、有就业、逐步能致富"为目标，有效解决秦巴山区灾害风险高发区、生产资源贫瘠地区等不适宜人类居住地区的贫困人口的生产生活问题，根治"一方水土养不起一方人"的现象。2017年1月，时任国务院副总理、国务院扶贫开发领导小组组长汪洋同志到商洛市商州区、丹凤县调研移民搬迁工作，给予充分肯定。2020年4月，习近平总书记到陕西省安康市平利县老县镇考察包括移民搬迁在内的脱贫攻坚工作，并给予肯定和指导。陕西省汉中市"十三五"以来已实施易地扶贫搬迁4.7万户14.64万人，同步搬迁3.13万户10.4万人。2011—2019年，全市累计实施避灾生态和易地扶贫搬迁19.46万户63.74万人，推动全市城镇化率提高了10.8个百分点。全市先后打造了16个省级"双示范"社区、25个市级"双示范"社区，并新建社区工厂114个，让3.7万人实现了就地就近就业。[①] 2016年以来，四川省巴中市共建成易地扶贫搬迁住房5.3万余套，搬迁建档立卡贫困人口18.9万人，推进所有安置点实现"五通五有"，即通路、通电、通水、通电视、通通信，有活动广场、有购物中心、有卫生室、有文化站、有垃圾收运点，[②] 有效保障搬迁群众生产生活。

在生态扶贫与环境建设方面，秦巴山区大力推进生态保护与生态建设。通过生态护林员脱贫、生态效益补偿、退耕还林兑现、林业产业发展、工程劳务带动、技能技术培训等生态脱

[①] 乔佳妮：《汉中8年累计实施移民搬迁63.74万人》，2019年1月14日，陕西传媒网，https：//baijiahao.baidu.com/s?id=1622594186670493561&wfr=spider&for=pc。

[②] 李俊如：《我市破解"四难"强力推进易地扶贫搬迁工作》，《巴中日报》2016年6月13日第2版。

贫工作，为贫困群众带来增收，实现生态保护与脱贫攻坚有机结合。安康市实施区域内秦岭网格化管理，在全市秦岭范围内设置二级网格9个、三级网格78个、四级网格1231个，消除秦岭生态环保管理"盲区"，① 2019年全市国家生态护林员队伍突破1500人，生态脱贫惠及贫困人口达16.8万户56.7万人。② 商洛市科学推进全域旅游，以精品景区、特色小镇、美丽乡村三大模式为支撑，打造4A级以上景区十余家，培育了洛南音乐小镇、棣花文创小镇等一批特色小镇和柞水朱家湾、山阳前店子等一批秦岭美丽乡村。

在基础设施建设与公共服务提供方面，甘肃省陇南市2015—2018年共硬化通村道路1.2万多千米，解决农村安全饮水100多万人，完成农村危房改造十多万户，贫困村动力电和有条件的行政村通畅工程实现了全覆盖。商洛市598.81千米通村公路"油返砂"全部整治到位，444.73千米深度贫困村通组路全部竣工，全市实施各类基础设施和公共服务设施项目4971个。③ 2017年万源市共救助贫困家庭学生1886人，发放资金102.3万元，实现适龄儿童入学率100%的目标。④ 汉中市1010个贫困村全部建成集体产权标准化村卫生室，669540名贫困人口全部参保参合，4977名大病现症患者全部集中救治到位，52187名患高血压、糖尿病、结核病、严重精神障碍四种慢性病

---

① 张斌峰：《安康逐步构建秦岭生态环境保护长效机制》，《陕西日报》2018年10月29日第1版。

② 《安康市生态脱贫工作实现"三连优"》，2020年4月2日，西部决策网，http://www.xibujuece.com/chengshi/shaanxi/ankang/2020/0402/66999.html。

③ 郭诗梦、冀新鹏：《来自秦岭深处的脱贫报告——商洛2019年扶贫工作亮点纷呈》，《陕西日报》2019年12月25日第3版。

④ 张学良、廖晓峰：《万源市教科局大力实施教育扶贫助力脱贫攻坚》，2017年11月17日，http://www.dz169.net/2017/1117/92600.shtml。

贫困人口均按季度享受家庭医生签约随访服务。① 通过补齐基本医疗、义务教育等基本公共服务方面的短板，有效突破了持续困扰秦巴山区发展的难关，为其经济社会可持续发展构筑了坚实基础。

秦巴山区脱贫攻坚取得历史性成就，将如期摆脱绝对贫困。在特色产业发展、旅游扶贫、移民搬迁后续扶持、多主体参与协作、激发基层创新精神、挖掘地方资源优势、完善兜底保障体系等方面都具有鲜明的特点，并积累了诸多经验，在讲好中国脱贫故事进程中值得深入挖掘、有效提炼和广泛借鉴。

---

① 丁浩：《汉中：保底线、补短板、谋长远》，2019 年 10 月 23 日，https：//baijiahao.baidu.com/s？id＝1648118739953523976&wfr＝spider&for＝pc。

一 秦巴山区减贫与发展的历史进程

习近平总书记指出，反贫困是古今中外治国理政的一件大事。消除贫困、改善民生、逐步实现共同富裕，是社会主义的本质要求，是我们党的重要使命。中华人民共和国成立前，我们党领导广大农民"打土豪、分田地"，就是要让广大农民翻身得解放。现在，我们党领导广大农民"脱贫困、奔小康"，就是要让广大农民过上好日子。① 中国全面建成小康社会，最艰巨的任务在农村，特别是贫困地区。作为14个集中连片特困地区之一的秦巴山区，不仅具有悠久的历史、独特的地理位置和重要的生态屏障，也是中国治理贫困进程中一块难啃的"硬骨头"。

（一）在历史长河中不断成长的秦巴山区

秦巴山区地跨甘肃、四川、陕西、重庆、河南、湖北六省市。陕西的安康、汉中，甘肃的陇南，河南的南阳，湖北的十堰，四川的广元、巴中是秦巴山区脱贫攻坚的重点区域。秦巴山区具有深厚的历史积淀。在中国几千年历史长河中，它因其重要的军事地位，在反复的锤炼中不断成长；它的美丽自然风

---

① 中共中央党史和文献研究院编：《十八大以来重要文献选编》（下），中央文献出版社2018年版，第31页。

光也吸引着历代文人墨客。民主革命时期,秦巴山区被革命的火种点燃,大量英雄儿女为中华民族解放事业奉献生命,它具有光荣的红色印记。

1. 先民旧址　文明初兴

秦巴山区人类生活历史悠久,是华夏民族与华夏文明的发祥地之一。据考古发现,早在一百多万年前的旧石器时期,商洛就有先民活动。新石器时期,洛河、丹江、金钱河、乾佑河、旬河沿岸,先民在此聚居,繁衍生息。洛南县阳虚山,相传是"四圣"之一的仓颉的造字之处。《直隶商州总志》载:"阳虚山石室二十八字,系仓颉遗笔。"① 根据历史文献记载,商洛是建立商朝的商族的始封地。《史记·殷本纪》载:"殷契,母曰简狄,有姑氏之女,为帝喾次妃。""契长而佐禹治水有功。帝舜乃命契曰:'百姓不亲,五品不训,汝为司徒而敬敷五教,五教在宽。'封于商,赐姓子氏。契兴于唐、虞、大禹之际,功业著于百姓,百姓以平。"② 位于汉中市南郑区的龙岗寺文化遗址,同时发现了旧石器时期和新石器时期的人类活动遗迹,旧石器时代的"龙岗人"生活在120万年前,比"蓝田人""北京人""山顶洞人"还要早。龙岗新石器遗物距今在7000年至6000年之间,系原始社会母系氏族社会时期的遗物,证明至少在六七千年前,汉中盆地的古代文明已经达到一个很高的水平。③ 悠久的历史为秦巴山区留下了众多美丽传说与久远记忆,

---

① 《走进商洛——商洛文化介绍》,2016年9月26日,搜狐网,https://www.sohu.com/a/115080967_488428。

② 余方平:《商洛地方志关于殷契始封地的认定》,《商洛师范专科学校学报》2001年第4期。

③ 《龙岗寺旧石器的意义》,2019年6月20日,汉中市人民政府网,http://www.hanzhong.gov.cn/zjhz/lswh/201906/t20190620_587274.html。

长久流传于炎黄儿女的记忆之中。

2. 交通要地 几经锤炼

秦巴山区在中国封建时代一直是兵家要塞，这使其长期处于封建统治的管控之中。战国时代秦惠文王后元十三年（前312年），秦始置汉中郡（治在今安康市境内，东汉初郡治迁于今汉中境内），西起沔阳的阳平关（今陕西省勉县武侯镇），东至郧关（今湖北 郧县）和荆山，绵延千里。① 汉元年（前206年）正月，项羽封刘邦为汉王，"王巴、蜀、汉中，都南郑（今汉中市）"。绵延400余年，对中国历史文化产生深远影响的汉朝由此孕育。由于地理位置的原因，秦巴山区经常接纳因各种原因而迁徙此地的移民，且形成了湖北—商洛贸易通道，河南—商洛贸易通道和商洛—关中贸易通道。② 特别是明清时期，由于军事屯田，人口增长与灾荒等原因下流民向陕南迁移，以及封建政府有意识的通过晚征、少征税等徕民政策引导贫困农民到陕南山区开荒度日，使山区居民显著增多③，为秦巴山区的开发注入活力，同时也为生态环境带来了巨大压力。重要的战略位置也使秦巴山区屡屡遭兵燹，造成社会动荡。如三国时期，汉中因地处关中、巴蜀两大经济区域之间，道路汇集，地形险要，成为魏蜀两国激烈争夺的战略要地。这对秦巴山区经济社会发展造成严重影响，也使它饱经战火的锤炼。

---

① 宋杰：《汉中对三国蜀魏战争的重要影响》，《首都师范大学学报》（社会科学版）2004年第1期。

② 杨增强：《碑志所见明清镇安县移民的地缘结构及其它》，《商洛师范专科学校学报》2005年第3期。

③ 何得桂：《山区避灾移民搬迁政策执行研究：陕南的表述》，人民出版社2016年版，第49—52页。

3. 雄秦秀楚 人文化成

秦巴山区有秦岭、巴山两条山脉。秦岭为长江、黄河的分水岭，全长约 800 千米，群山毗连，河道交错。巴山山脉得名于古代巴族和巴方国，西起嘉陵江谷，东至湖北武当山，其山势呈西北至东南走向，绵延约 300 千米。兼具秦地雄浑、楚乡秀美的秦巴山区美景，构成了雄秦秀楚的壮美画卷，吸引历朝历代的文人墨客挥毫泼墨，留下了脍炙人口的名篇佳作。如唐代著名诗人李白的"裴公有仙标，拔俗数千丈。澹荡沧洲云，飘飘紫霞想。剖竹商洛间，政成心已闲"。唐代著名诗人白居易的"花落鸟嘤嘤，南归称野情。月宜秦岭宿，春好蜀江行"。宋代著名诗人黄庭坚的"新春木叶未蒙笼，西望天涯几日通。商洛山间白云起，行歌思见采芝翁"。秀美江山也使秦巴山区人民养成了淳朴的品格。

4. 红旗招展 革命老区

秦巴山区共有 47 个革命老区县，占总区县数的 58.8%。民主革命开始以来，秦巴山区诞生了中共领导的鄂豫陕革命根据地。大革命时期商洛即建立了商县、龙驹寨两个中共特别支部。1927 年大革命失败后，一批中国共产党党员返回汉中，成立中共南郑小组，宣传马列主义和党的政策。1930 年 11 月，中共陕南特别委员会（即汉南特委）正式成立。1933 年 2 月 7 日，在通江县成立中共川陕边区省委、川陕边区苏维埃政府。至 1935 年 3 月，形成东自达县、城口、万源、镇巴、西乡，西至旺苍、广元、宁羌，纵横 20 余县、面积 20 余万平方千米、人口 700 多万的川陕苏区。① 抗日战争爆发以来，陕南人民自发成立了陕南

---

① 《红四方面军在汉中》，2014 年 9 月 23 日，汉中市人民政府网，http：//www.hanzhong.gov.cn/zjhz/lswh/201409/t20140923_5246.html。

人民抗日第一军,寻找党的领导而奉命北上抗日,成为一支成建制加入红军的革命队伍。在革命战争中,大量英雄儿女为革命捐躯,为新政权的建立作出重要贡献。1985年6月,时任国家主席李先念题词:"豫鄂陕革命根据地的烈士永垂不朽!"秦巴山区的红色印记成为山区人民宝贵的精神财富。

(二) 中华人民共和国成立到改革开放前秦巴山区的开发

中华人民共和国成立之初,面对亟待改善的生活,亟待开发的山区经济,秦巴山区广大人民群众积极参与到生产建设中来。他们坚持自力更生,全民动员,共同发力,使秦巴山区的生产生活状况得到改观,为此后的减贫与发展打下了基础。

1. 待开发的山区经济

1949年中国的人均工农业总产值只有86元,年人均国民收入只有69.29元,年人均粮食只有209公斤,年人均油料只有4.7公斤,年人均布料只有3.49米,年人均棉花只有0.82公斤,[①] 极其严重的贫困问题威胁着大部分国人的生活乃至生命。1949年,秦巴山区内主要地级市年国民生产总值普遍处于极低水平(见表1)。陕西汉中市人均GDP在1949年仅为96元。四川巴中市1949年农村居民收入的绝对额仅为3.1元,农村居民消费额的绝对值仅为3元。甘肃陇南地区1949年人均国民生产总值仅为39元。[②]

经历战火考验迎来解放的秦巴山区面临着发展生产、改善

[①] 资料来源于《1981年中国经济年鉴》。
[②] 陈多:《"数说"陇南新发展》,《甘肃日报》2019年10月15日第11版。

生活、消减贫困的巨大考验。如何在"八山一水一分田"的严酷的自然条件下,有效挖掘其区域资源,因地制宜开发山区经济,带领广大群众发展生产,解决山区自然灾害对农业生产的严重影响,解决广大群众生产生活面临的困难,是党和人民所面临的课题。在党和政府的领导下,秦巴山区群众开展了大规模的生产运动。

表1　　　　　秦巴山区1949年主要地级市国民生产总值　　（单位:亿元)

	地级市[①]	1949年国民生产总值
陕西省	汉中市	1.81
	安康市	1.4
	商洛市	0.4
四川省	广元市	0.47
	巴中市	0.87
甘肃省	陇南市	0.5
河南省	南阳市	2.59

资料来源:笔者根据省市级党报和网站整理。

2. 动员群众大搞生产

在建设社会主义的浪潮中,秦巴山区开展了轰轰烈烈的群众运动,群众生产生活有所改善。川北[②]大生产和商洛"每户种一升核桃"的生产运动就是其中的代表。

(1)川北大搞生产,改善群众生活。为了推进农业生产,1950年2—8月全国各地大力推进农田水利工程,依靠全国新修及修复渠道塘坝水车水井等项工程,共计恢复和增加农田受益

---

① 为便于阅读,地级市均采取目前的官方名称。
② 指以广元、巴中、南充为中心的四川盆地北部地区,属大巴山区。

面积816万亩，同时还完成了灌溉面积1.238万亩的岁修及整理工程①。在水利工程建设中，川北笋子沟灌溉工程等得到有效修缮，为川北农业生产提供有力支持。到1951年6月，南充市郊及南充、遂宁、南部、阆中、三台、岳池6个县，达县、广元、巴中、江油县的4个区，共380个乡完成了土地改革。占当地农村人口50%以上的贫雇农，每人分得1亩左右土地（亩产量约400斤粮食）和一定金额的人民币。这使农民的生产积极性得到很大提升，农村的大生产运动，遂蓬勃地发展起来。根据不完全的统计，川北区全区新筑和修复的大小塘堰达24000余口，可灌田503460余亩；垦荒15万余亩；植树5000余万株。② 为解决西南地区土产销售问题，西南地区派干部到全国各主要城市调查土产供求情况，宣传介绍西南区的土产以扩大外销，并在西南地区省与省之间，通过相互订立土产运销合同的具体办法以扩大内销。

同时，川北地区动员群众发展卫生和教育事业。中央卫生部"预防为主"的工作方针，大规模开展霍乱、伤寒混合疫苗的预防注射，1950年川北中江曾发现细菌性痢疾，在当地政府和卫生机关的大力防治下被迅速扑灭。③ 川北广大农村在实行土地改革和减租后，在农民协会领导下，当地群众从减租和土地改革所得的胜利果实中，抽出一部分资财兴办学校、建筑校舍、添设校具。农村小学和学生人数大大增加。据川北人民行政公署文教厅统计，1951年春川北全区共有小学15622所（其中民

---

① 徐达：《今年的农田水利工作》，《人民日报》1950年8月25日第5版。

② 袁毓明：《后方前方一条心——记川北区农村的大生产运动》，《人民日报》1951年6月18日第2版。

③ 《西南区夏季防疫工作有成绩 今年未发生严重时疫及传染病》，《人民日报》1950年9月11日第3版。

办小学有 13900 余所），学生达 119.76 万余人。① 1978 年巴中农村居民人均可支配收入达 89 元，农村居民消费达 63 元。

（2）商洛动员群众，发展山区产业。核桃在商洛的种植已经有了 2000 余年的历史。唐代以后，商洛核桃已有相当规模。中共商洛地委和商洛行政公署通过总结群众生产经验，分析地方生产条件，发起了"每户种一升核桃"运动。1957 年 9 月 20 日，中共商洛地委扩大会议上正式作出"每户种一升核桃"的决定。当地群众积极响应这一号召，核桃种植的群众运动在全区内如火如荼地展开。到当年年底，"每户种一升核桃"的任务超额完成。1958 年中共商洛地委号召每户再种两升核桃；据统计，全区共种核桃 9.3 万升，按当时全区 3.2 万户计算，户均近 3 升。② 1958 年 1 月 31 日，毛泽东同志在为中共中央起草的《工作方法六十条（草案）》上批示："陕西商洛专区每户种一升核桃。这个经验值得各地研究。可以经过鸣放辩论取得群众同意后，将这个经验推广到种植果木、桑、柞、茶、漆、油料等经济林木方面去。" 1958 年 2 月 16 日，中共陕西省委发出了《关于推广"商洛专区每户种一升核桃"经验的通知》，号召全省人民行动起来，积极学习，推广商洛的先进经验。同年 9 月，核桃生产现场会在专区丹凤县武关公社八一林场召开，全国 16 省（市）代表与会。会议号召在全国适宜生长核桃的地区推广商洛专区的经验。③ 1962 年 5 月 20 日，《人民日报》发表了题为"踏实的步伐——记商洛专区'每户种一升核桃'运动的前前后后"的长篇报道。1962 年商洛专区已有大小核桃树 800 多

---

① 《川北农民大量兴办小学》，《人民日报》1951 年 6 月 19 日第 3 版。

② 王根宪：《商洛地区"每户种一升核桃"运动纪实》，《陕西林业》1994 年第 1 期。

③ 同上。

万株，较1957年前增加了近23倍。① 到20世纪70年代末，商洛成为全国有名的核桃外贸出口基地，核桃总产量占全国的1/10，外贸出口量更是达到全国的1/6。

3. 社会主义探索时期开发建设的特点与品质

1949—1978年是中国社会主义建设道路的探索时期。秦巴山区广大群众在党的领导下自力更生搞生产，改善生产生活状况。这种减贫实践具有如下重要特征。

（1）宁愿苦干，不愿苦熬。当时的秦巴山区面临的是基础设施严重落后、生产条件严重缺乏的环境。广大人民群众面对重重困难，以坚定的意志与贫困战斗，进行大规模水利设施建设，共同修建学校，努力改善生产条件，寻找山区发展的出路，付出了巨大的努力。正是这种"宁愿苦干、不愿苦熬"的精神与意志，让极度贫困落后的秦巴山区获得了发展的动力，让群众改善生活的愿望能够一步步实现。这种与贫困抗争的坚定决心是任何时期减贫实践都需要坚持的。

（2）自力更生，努力探索。商洛"每户种一升核桃"的行动是商洛专区领导干部深入农村进行调查，与山区群众深入交谈，从而形成的发展山区经济的认识，是对商洛既有核桃种植基础的有效把握。西南地区实行土产代销也是不断积累经验教训，在积极探索中找到的解决销售问题的好办法。面对生产中的大量困难，秦巴山区干部群众，坚持自力更生，挖掘本地区可以依靠的资源与生产基础，不断探索可以发挥作用的好方法、好经验，这是在减贫中克服实际问题的重要法宝。

（3）全民动员，共同发力。川北大生产与商洛核桃种植成功的取得依靠的是广大群众的共同参与，是群策群力的结果。

---

① 刘野、黄植：《踏实的步伐——记商洛专区"每户种一升核桃"运动的前前后后》，《人民日报》1962年5月20日第2版。

推进基础设施建设、解决传染病问题等也离不开广大群众的有力支持。面对巨大的困难与挑战，要坚持广大人民群众的主体地位，坚决、坚定的动员群众、组织群众、依靠群众，只有凝聚起广大群众的合力，才能克服一个又一个巨大困难。

（三）党的十一届三中全会到党的十八大前秦巴山区的减贫与发展

1978 年 12 月召开的党的十一届三中全会开启了中国改革开放的新篇章。1978—2012 年秦巴山区的减贫与发展进入新的阶段，并探索了不少减贫经验。

1. 制度化扶贫的启动

1978 年年末中国农村贫困发生率为 97.5%，以乡村户籍人口作为总体推算，农村贫困人口规模为 7.7 亿人。[①] 党的十一届三中全会作出改革开放的伟大决策，启动了农村改革的新进程。经济建设直接带动了大量农村贫困人口脱贫致富。但是随着经济建设的不断推进，经济发展直接带动贫困人口脱贫的效用逐渐下降。包括秦巴山区在内的一些集中连片特困地区，由于在发展基础、发展资源、发展条件上的不足，以及复杂的致贫原因，在经济建设不断推进的形势下仍然存在较为集中、深度的贫困问题，成为减贫中难啃的"硬骨头"。为了推进减贫事业，实现共同富裕，中国于 1986 年正式启动了大规模制度化的扶贫开发工程。

[①] 《扶贫开发成就举世瞩目 脱贫攻坚取得决定性进展——改革开放 40 年经济社会发展成就系列报告之五》，2018 年 9 月 3 日，中华人民共和国中央人民政府网站，http://www.gov.cn/xinwen/2018-09/03/content_5318888.htm。

2. 因地制宜、多措并举的制度化扶贫

（1）产业为本，综合发力。秦巴山区积极推进产业发展，以产业提升贫困人口收入水平，着力实现可持续生计。1986年甘肃陇南地区全区收入在150元以下的农户数和人口数，分别占总农户数和总人口数的34.2%和49.8%，陇南地委、行署从本地实际情况出发，提出扶贫工作要搞实打实的致富项目，在扶贫工作中提倡"四个一"的扶贫办法。① 仅一年半的时间，陇南地区全区就新修梯田5.9万亩，加上原有梯田，使11.5万农户实现了一人一亩基本农田的目标。陇南拨出专项资金用于扶持困难地区发展经济林，通过"国家投苗，社员投劳"的方式，两年造林面积174万亩，使5.64万户达到了一户一亩林果园的目标。为了实现一户年均出售一头大牲畜的目标，全区确定599个养殖业项目，兴建29个良种繁殖点，50个饲料加工厂，推动农民家庭养殖业的发展。随着改革开放的推进，贫困群众积极通过劳务输出提升收入，许多农民开始打破"穷死不出山，饿死不出沟"的传统观念，外出务工。1986年陇南地区有6.2万人外出务工，总收入1900多万元。②

（2）广泛动员，群众参与。减贫工作需要广大贫困群众参与。秦巴山区各地积极探索动员群众参与的有效方法。湖北省十堰市鼓励贫困村"豆决"③ 扶贫项目，按照"规划由农民参

---

① 即扶贫对象在两三年内实现一人一亩基本农田，一户一亩林果园，一户一年出售一头大牲畜（可猪、羊折合），一户出去一个人搞劳务。

② 张述圣：《陇南地区扶贫工作扎实逐步实现人均一亩基本农田 户均一亩林果园 户均一年出售一头大牲畜 一户出去一个人搞劳务》，《人民日报》1987年7月26日第2版。

③ 村民围绕扶贫项目进行民主投票，一颗豆子代表一票，投票中哪个项目获得的豆子多，哪个项目就实施。

与做,路子由农民自己定,项目由农民自己选,资金由农民看着用,市场由农民自己找"的思路把扶贫项目的决策权交给农民,所有扶贫项目的选择、扶贫对象的确定、扶贫资金的使用全部交村民大会表决。政府不就各村的具体脱贫致富项目下发"红头文件",让群众自己选择致富路子。丹江口市土关垭镇银洞山村,群众以"投苞谷粒"的最朴素、最原始的民主方式选定了"猪、沼、橘、茶、路"的脱贫项目,在政府投入不到100万元的情况下,群众自筹资金300多万元,新发展名优茶叶及推行"橘王121"订单农业共计1000多亩,新建设鱼塘30多口,沼气池100多口,以生态家园为主体的"农家乐"20多家,被国务院扶贫办授予"整村推进示范村"的称号。①

为了解决生产必需的基础设施建设问题,安康军分区集中力量,发挥整体优势办大事,成建制地组织民兵参与扶贫工作。在1991—1996年期间成建制地组织千名民兵以上的重点工程会战达110多次,累计组织20多万基干民兵,投工达2000多万个,在秦岭巴山间共修田造地29万亩,使"八山一水一分田"的安康农村人均增加耕地面积1.2分;兴修水渠900多千米,建造池塘120多个,使305万多亩山上的旱田变成了旱涝保收的丰产田;修筑、拓宽公路1200多千米,使全区80%的乡村结束了肩挑背驮的历史;植树造林50多万亩,连片开发桑、栗、橘、漆等林特基地十多万亩,为革命老区脱贫打下重要基础。②

(3)积极创新,努力探索。在扶贫工作中,秦巴山区各地政府积极借鉴其他地区有效经验,并积累了能解决实际问题的好经验好做法。例如,在"八七"扶贫攻坚期间,商洛引进孟加拉的乡村银行扶贫模式,探索并推广具有商洛特色的以小额

---

① 《湖北十堰把选择致富路子的决策权交给农民——村民"豆决"扶贫项目》,《人民日报》2006年4月23日第7版。

② 蒙俊怡、俞泳、江马夫:《发挥整体作战优势 适应市场经济要求 安康民兵扶贫攻坚取得成效》,《人民日报》1996年12月23日第3版。

信贷为核心的扶贫到户工作模式，推进了项目开发到户、科教扶贫到户、改善生产生活条件到村到户、社会帮扶到户，全区共组建 20 个乡镇扶贫分社、4456 个扶贫中心、21995 个联保小组。① "八七"扶贫攻坚期间累计投入小额信贷扶贫到户资金 3.83 亿元，扶持贫困农户发展增收项目，共解决了 70 多万贫困人口的温饱问题。② 商洛还探索推进"农村最低生活保障制度"和"扶贫开发政策"两项制度有效衔接的扶贫经验。它严格按照"前期准备、识别确认、建档立卡、落实政策"四个阶段，在"确定识别指标、成立评议小组、户主申请、入户识别、民主评议、审核审批、登记录入、制定落实政策"八个步骤规范操作基础上，注重结合实际开展工作，实行的由村民代表按贫富状况由低到高顺序确定低收入户的"低收入户排序法"，并推行"六不列入"③ 法。2011 年 8 月，全国两项制度有效衔接工作现场会在商洛召开，"商洛经验"向全国推广④。

从改革开放到党的十八大以前这个阶段，以制度化的扶贫实践为支撑，秦巴山区的减贫与发展取得显著成效。它的贫困人口规模明显减少，基础设施建设，产业发展，基本公共服务覆盖等方面均有明显提升。根据 2010 年的数据显示，秦巴山区

---

① 崔波：《优先开发人力资源：21 世纪初扶贫开发的战略选择——赴陕西省商洛地区专题调研报告》，《中国贫困地区》2000 年第 8 期。

② 《商洛扶贫：用新思路铸造新辉煌——"突破发展看商洛"系列报道》，2008 年 10 月 11 日，商洛市人民政府网，http：//www.shangluo.gov.cn/info/1054/11010.htm。

③ 居住多层楼房或购置商品房的家庭不列入、拥有机动车辆和大型农机具的家庭不列入、有固定工作和稳定收入的家庭不列入、有财政供养人员的家庭不列入、日常消费明显高于当地平均水平的家庭不列入、长期雇工从事生产经营活动的家庭不列入。

④ 《我市两项制度有效衔接工作成为全国扶贫经验》，2011 年 8 月 19 日，商洛市人民政府网，http：//www.shangluo.gov.cn/info/1054/3949.htm。

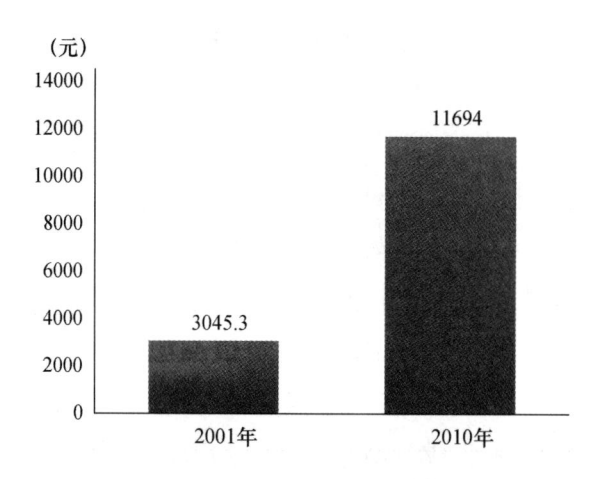

图 1　2000 年和 2010 年秦巴山区人均 GDP

资料来源：《秦巴山片区区域发展和扶贫攻坚规划（2011—2020 年）》。

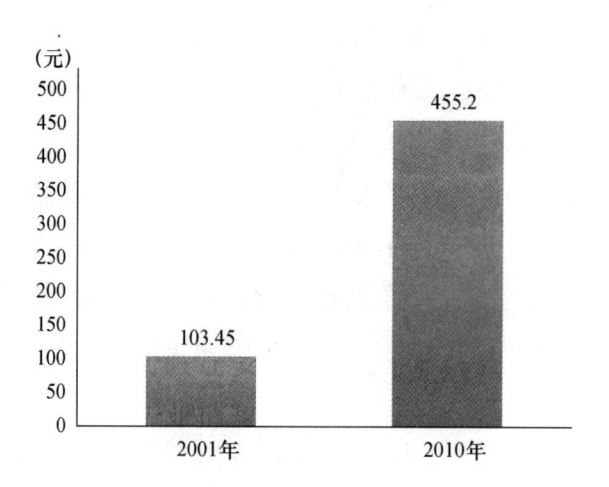

图 2　2000 年和 2010 年秦巴山区人均地方财政一般预算收入

资料来源：《秦巴山片区区域发展和扶贫攻坚规划（2011—2020 年）》。

人均地区生产总值和地方财政一般预算收入分别为 11694 元和 455.2 元，城镇和农村居民收入分别达到 13155 元和 3978 元。九年义务教育巩固率达到 82%，居民平均受教育年限达到 8 年，新型农村合作医疗参合率达到 89.3%，农村低保基本做到应保尽保。城镇化率达到 30.4%，建制村通沥青（水泥）路率达到

49.4%，自然村通电率达到73.7%。[①] 为彻底消灭绝对贫困打下了一定基础。

（四）党的十八大以来秦巴山区脱贫攻坚奔小康的奋进步伐

2015年11月29日，党中央、国务院颁布了《关于打赢脱贫攻坚战的决定》，向绝对贫困发起"总攻"，以确保贫困地区和贫困人口于2020年如期脱贫。秦巴山区通过产业为本、造血脱贫，生态为要、全域开发，保障为基、预防返贫的脱贫实践，以追赶超越的决心与行动，使秦巴山区脱贫攻坚取得全面胜利。

1. 秦巴山区在打响脱贫攻坚战之前面临的挑战

（1）基础设施滞后，交通限制明显。2012年以前，秦巴山区受自然地理环境的限制，基础设施建设仍存在较大差距。《秦巴山片区区域发展和扶贫攻坚规划（2011—2020年）》显示，该区域工程性缺水严重，基本农田有效灌溉面积仅占总面积的37.5%，69.3%的农户还存在饮水安全问题，24.7%的行政村没有完成农网改造。特别是交通方面，省际、县际断头路多，铁路网覆盖范围不足。片区内4.5%的乡镇不通沥青（水泥）路，50.6%的建制村不通沥青（水泥）路。到2014年，秦巴山片区公路网总里程超过18万千米，路网面积密度和人口密度分别为83.4千米每百平方千米和51.3千米每万人，片区有97%的乡镇通沥青（水泥）路。但秦巴山区国省干线公路比例仍然较小，总里程只有1.4万千米左右，不到公路网总里程的8%。同时秦巴山区公路技术等级较低，二级及以上高等级公路里程

---

① 资料来源于《秦巴山片区区域发展和扶贫攻坚规划（2011—2020年）》。

仅占公路网总里程的6%左右。农村通沥青路的村庄不到总数的50%，有等级客运站的乡镇只有总数的47%左右，仅有16%的建制村设有简易站、招呼站或候车亭牌。① 基础设施的滞后为秦巴山区群众生产生活以及区域发展形成制约。

（2）产业规模与效益不足，带贫致富能力较弱。秦巴山区产业发展总体仍较为滞后。农业产业方面，贫困户生产积累少，农业种植技术薄弱，抵御市场风险能力弱，种植经济作物的意愿与能力不高，农业收入仍处于较低水平。同时大量村庄仍然没有集体经济。以秦巴山区主要的几种经济作物为例进行介绍。

陇南市中药材。2010年陇南全市中药材种植面积达5.99万公顷，采挖量11.65万吨。但是在中药材产业上资金投入严重不足，技术力量薄弱，发展仍处于以种植面积扩大、产量积累来增收的阶段，科技力量仍处在最低层。滥采乱挖现象严重，已使康县、文县的黄柏、刺五加，文县的厚朴等部分名贵药材面临着资源萎缩和品种灭绝的可能。陇南的中药材以农户种植、商贩收购为主，加工企业数量少、规模小且以粗加工为主，也没有完善的大型药材批发市场。②

陕南地区的魔芋。2009年陕南已建成魔芋精粉和微粉加工企业20多个，年加工能力8000吨以上，魔芋食品加工企业5个，年加工能力4500吨以上。但是缺乏优良品种，种植的大部分品种对主要病害软腐病、白绢病表现严重感病。同时由于农民文化水平低，魔芋种植技术缺乏，大田人工种植后仍进行粗放经营，生产上技术含量低。受年份和市场影响，鲜芋收购价格波动较大。魔芋加工企业规模小、档次低、辐射能力弱而不

---

① 何吉成、衷平、程逸楠：《城镇化背景下秦巴山区交通发展的思考与对策》，《交通建设与管理》2014年第22期。

② 杨燕、潘水站、张杰：《陇南山区中药材产业发展存在的问题及对策》，《现代农业科技》2011年第18期。

堪市场冲击的问题也仍然存在。①

陕南地区茶业。至2011年，陕南地区茶叶产业的从业人员已达300多万人，栽培种植已达近7万公顷。但是茶园的每亩收益、茶叶的产业化程度并不高，很多企业的生产加工现代化水平仍然较低。由于茶叶企业缺乏品牌建设体系，陕南茶叶产业的区域品牌仍未形成。同时资金的不足，导致研发单位、经销企业、加工企业、种植农户都处于资金短缺状态，阻滞产业发展。②

在二、三产业方面，秦巴山区二、三产业总体规模偏低。2010年陕西省三次产业比例为11.39：52.34：36.27，陕南地区（汉中、安康、商洛）三次产业比例为21.0：39.9：39.1③。秦巴山区主要地级市均存在着第一产业增加值占生产总值比重高于所在省平均水平，第二产业增加值占生产总值比重低于所在省平均水平的现象（见表2）。第二产业发展的相对滞后，特别是缺乏带贫致富能力强的劳动密集型产业，导致非农产业对贫困人口的带动能力不足。

表2 2012年秦巴山区主要地级市及所属省三产业增加值占生产总值的比重

	第一、二、三产业增加值占生产总值的比重
汉中市	20.65：43：78：35.57
安康市	15.8：50.6：33.6
商洛市	18.1：48.0：33.9

---

① 陈雪燕、张羽、杨培君等：《陕南地区魔芋产业发展现状、问题及对策》，《陕西农业科学》2009年第6期。
② 张鹏：《陕南地区茶产业可持续发展的问题与对策建议》，《改革与战略》2014年第7期。
③ 张中华、张沛、孙海军：《城乡统筹背景下西部山地生态敏感区人口转移模式研究》，《规划师》2012年第10期。

续表

	第一、二、三产业增加值占生产总值的比重
巴中市	23.8∶42∶9∶33.3
广元市	19.6∶47.0∶33.4
陇南市	25.4∶30.6∶44.0
四川省	13.8∶51.7∶34.5
陕西省	9.5∶55.8∶34.7
甘肃省	7.45∶55.82∶36.73

资料来源：各省统计年鉴、各市国民经济和社会发展统计公报。

（3）区域内部差异较大，辐射带动艰难。秦巴山区内部存在着较大发展差距。2010年片区内人均地方财政一般预算收入、农民人均纯收入最低的县仅为片区平均水平的23.2%、45.7%。片区内"三线"建设形成的飞地经济特征明显，城乡二元结构矛盾突出。[1] 秦巴山区城镇居民、农村居民人均年收入差距巨大，后者仅达到前者水平的20%—35%（参见表3）。同时秦巴山区城市分布不合理、城市规模小、带动能力弱。陕南地区的城镇多集中于汉江、丹江、嘉陵江及其支流沿岸地区，川道丘陵区和平原区。平原区城镇稠密，低中山区城镇较少，分布不均衡，且规模等级结构较复杂。在空间结构方面，安康、商洛、汉中三个地级市之间彼此联系很弱，中心市、镇与其腹地联系离散，[2] 这造成区域中心城市对周边辐射带动作用不足，也不利于贫困村庄摆脱贫困。

---

[1] 资料来源于《秦巴山片区区域发展和扶贫攻坚规划（2011—2020）》。

[2] 张中华、张沛、胡振：《西部欠发达山区城乡统筹发展的地方性机制及模式——以陕南秦岭地区为例》，《城市发展研究》2014年第1期。

表3　　　　　　　2012年秦巴山区主要地级市城乡
居民人均收入比较　　　　　（单位：元，%）

	城镇居民人均收入	农村居民人均收入	农村居民人均收入占城镇居民人均收入的百分比
汉中市	19827	6181	31.2
安康市	20300	5815	28.6
商洛市	19998	5425	27.1
巴中市	16999	5387	31.7
广元市	17012	5649	33.2
陇南市	14077	3088	21.9

资料来源：笔者根据各省统计年鉴、陇南市2012年国民经济和社会发展统计公报整理并计算。

（4）因灾致贫返贫明显，生态制约严重。秦巴山区因灾致贫返贫现象严重。陕南地区有半数以上的国土面积均为地质灾害高中易发区，上万户人口受到地质灾害的威胁（见表4）。特别是2010年7月陕南遭受两轮百年一遇的强降雨，引发山洪、滑坡、泥石流等灾害，造成陕西省全省受灾人数达461万人，紧急转移安置81.3万人（主要是陕南地区），造成巨大财产损失，同时也造成了公共基础设施的重大损毁。

表4　　　　　陕南2013年地质灾害分布与威胁状况

	地质灾害高易发区面积（km²）	所占比重（%）	地质灾害易发区面积（km²）	所占比重（%）	高、中易发区面积（km²）	占国土面积比重（%）	地质灾害隐患点（处）	威胁户数（户）	威胁人数（人）
安康市	6724.12	28.59	8582.63	36.48	15306.75	65.05	3848	23319	114289
商洛市	3794.50	19.70	6683.50	34.60	10478.00	54.30	1670	13211	68039
汉中市	9321.00	33.80	7456.00	27.40	16687.00	61.20	2090	18234	96990

资料来源：转引自何得桂《山区避灾移民搬迁政策执行研究：陕南的表述》，人民出版社2016年版，第53页。

2008年的"5·12"汶川地震也给秦巴山区的经济社会建设造成重大破坏。"5·12"汶川地震极重灾县和重灾县有20个在秦巴山片区,灾后振兴发展任务繁重。例如,四川省巴中市全市倒塌农房11925户44985间,面积87.08万平方米;农房受损127857户403368间,面积818.96万平方米,全市因地震受灾造成农村直接损失79201.91万元。[①] 同时秦巴山区在涵养水源、保持生物多样性等方面有着巨大的生态功能,区域内有42个县属于南水北调中线工程水源保护区,生态保护与生态建设形成了对经济社会发展的限制。

（5）基本公共服务缺失,出现贫困陷阱。医疗卫生等基本公共服务不足始终是深度贫困地区面临的重要问题。2010年全国西部地区有医疗室和乡村医生的行政村分别占80.8%和79.1%。秦巴山区2010年人均教育、卫生支出仅相当于全国平均水平的56%。它的基层卫生人才短缺,全科医生严重不足;大部分地市每千人拥有的卫生技术人员数均明显低于所属省的平均水平（见表5）。基层医疗卫生服务不能满足需求,地方病传染病的防治也存在一定短板,全国45个未控制大骨节病县中有16个在该片区,占未控制大骨节病总县数的35.6%。基本医疗服务的不足导致因病致贫、因病返贫的现象突出。同时贫困人口教育问题没有彻底解决,仍存在因学致贫甚至因贫辍学的现象。由于贫困程度深,很多地区贫困发生率在2012年前后仍处于20%—40%的水平,甚至有地级市贫困发生率达到50%（见表6）,部分贫困人口脱贫内生动力不足。

[①] 王力:《科学重建谱新篇——巴中市加快灾后重建工作综述》,《巴中日报》2010年5月12日第1版。

表5 2012年秦巴山区所属主要地级市每千人拥有卫生技术人员数量

省市	常住人口数（万人）	卫生技术人员数（人）	每千人拥有卫生技术人员数（人）
陕西省	3753.09	216304	5.76
汉中	341.84	17619	5.15
安康	263.36	11754	4.46
商洛	234.19	9879	4.22
四川省	8076.2	389001	4.81
巴中	330.79	11777	3.56
广元	253.00	12811	5.06
甘肃省	2577.55	111907	4.34
陇南	256.95	8486	3.30

资料来源：笔者根据各省统计年鉴整理并计算。

2. 打赢攻坚战，脱贫奔小康

作为脱贫攻坚主战场之一的秦巴山区在全面建成小康社会的时代背景下，以追赶超越的决心与行动为实现全面脱贫而奋斗。2020年4月，习近平总书记深入陕西省商洛市柞水县小岭镇金米村、安康市平利县老县镇等地考察并对脱贫攻坚工作予以肯定和指导。[1]

（1）产业为本、造血脱贫。发展产业是激发贫困人口内生动力，实现贫困地区可持续发展的根本之策。秦巴山区各县区积极培育发展特色主导产业。四川省广元市打造特色优势产业，培育产业大户带动，推进电商销售扶贫产品。全市建成现代农业园区100个、村特色产业示范园1857个（其中739个贫困村实现全覆盖）、户办特色产业园18.6万个（其中贫困户承办5.6

---

[1]《扎实做好"六稳"工作落实"六保"任务 奋力谱写陕西新时代追赶超越新篇章》，《陕西日报》2020年4月24日第2版。

表6 秦巴山区主要地级市脱贫攻坚成效

	农村贫困人口数量（万人） 2012	农村贫困人口数量（万人） 2019	农村贫困发生率（%） 2012	农村贫困发生率（%） 2019	农村年人均可支配收入（元） 2012	农村年人均可支配收入（元） 2019	国民生产总值（亿元） 2012	国民生产总值（亿元） 2019	初中学龄人口入学率（%） 2012	初中学龄人口入学率（%） 2019	卫生技术人员数（人） 2012	卫生技术人员数（人） 2019	公路里程数（千米） 2012	公路里程数（千米） 2018	脱贫攻坚阶段退出贫困村（个）	脱贫攻坚阶段易地扶贫搬迁（万人）
汉中市	103.72	2.63	34.5	0.9	6181	11098	754.57	1547.59	98.64	100	17619	26735	17935	20533	1010	14.64
安康市	100.5	3.34	40.7	1.3	5815	10475	496.91	1182.06	99.99	99.99（2018）	11754	18877（2018）	22182	24501	—	33.52
商洛市	49.02（2015）	1.53	35.3（2015）	1.3	5425	10025	423.31	837.21			9879	16131	12988	13886		19.83
广元市	63.19（2010）	0.19	26.62	0.06	5649	13127	468.66	941.85			12811	19136	17206	20033（2019）	739	
巴中市	57.59	0.19	16.3（2014）	0.06	5387	13232	390.40	754.29	99.9	100	11777	17714	16070	18525（2019）	598（2018）	18.9
陇南市	130.46（2011）	3.69	53（2011）	1.56	3088	7734.2	226.0	379.2（2018）	86.9（2014）	99.9（2018）	7647	13602（2018）	15404	17137		18.5（2018）
十堰市	83.3（2014）	0.38	37.2（2014）	0.17	4566	11378	955.7	2012.7	99.9		21633	28452	22036.5		456	35.5
南阳市	110（2011）	6.53	12.3（2011）	1.88（2018）	7752	15166	2367.2	3814.98			29900	76900				4.88

数据来源：笔者根据秦巴山片区的省级和地级市的统计年鉴、各地级市年度国民经济和社会发展统计公报、各地级市年度政府工作报告、各级人民政府网站以及权威媒体报道等自制而成。

注：统计数据均为当年年末数据或全年数据。

万个）。2019年9月，全国产业扶贫工作推进会在四川省广元市召开。为动员贫困群众参与生产的积极性，秦巴山区大力开展乡风文明建设行动。陕西省安康市从2017年12月以全面推行"积分改变陋习、勤劳改善生活、环境提振精神、全民共建乡村"的民风积分"爱心超市"建设，截至2019年年底，全市共建成并投入运行"爱心超市"1185个。全市1883个村（社区）全面修订完善了村规民约，建立健全了村级层面以道德评议会、红白理事会、村民议事会和禁毒禁赌会为主体的乡风建设群众组织，并且每季度开展一次评议活动。[①] 通过"群众说、乡贤论、榜上亮"评议活动，一批脱贫攻坚的正面典型发挥了更大的积极影响，乡风文明得到有效改善。安康市新民风建设领导小组办公室荣获2019年度全国脱贫攻坚组织创新奖。

（2）生态为要、全域开发。秦巴山区是南水北调工程的重要水源涵养区，实现生态保护、绿色发展，处理好生态建设与脱贫攻坚的关系非常重要。陕西省商洛市扎实推进生态护林员脱贫、生态效益补偿、退耕还林兑现、林业产业发展、工程劳务带动、技能技术培训等生态脱贫工作。与此同时，商洛完善"旅游+"顶层设计，以"精品景区、特色小镇、美丽乡村"三大载体建设为核心，打造十余家4A级以上景区和一批美丽乡村，使旅游产业成为生态保护、脱贫攻坚的重要驱动力。为解决"一方水土养不起一方人"的问题，秦巴山区扎实推进易地扶贫搬迁工程。通过落实搬迁安置点配套基础设施建设与基本公共服务，推进社区工厂、扶贫车间、农业园区建设解决搬迁群众就业问题，较好地实现了"搬得出、稳得住、能致富"的目标。以安康市平利县"社区工厂"为代表的搬迁脱贫模式被评为2017年度全国精准扶贫十佳典型经验、中国

[①] 张权伟、王欢：《秦巴新风扑面来——安康市新民风建设综述》，《陕西日报》2019年1月26日第1版。

改革十大案例。①

（3）保障为基、预防返贫。避免返贫是实现质量脱贫的关键之举。秦巴山区下大力气弥补贫困人口基本公共服务方面的短板，扎实推进教育扶贫、健康扶贫、社保兜底，解决因学致贫、因病致贫问题，解决特殊困难群体生活困难，阻断贫困代际传递，抵御返贫致贫风险。汉中市大力推行以"基本医保+大病保险+民政救助+政府专项救助+其他方式"为主的"4+X"多重保障体系，还成立全省首家市级健康联合体。据统计，截至2017年10月，全市健康扶贫对象住院诊疗4.1万人次，住院总费用2.43亿元，实际报销比例达92.3%。② 为贯彻落实中央针对慢性病贫困人口开展家庭医生签约服务的政策要求，汉中市探索了以"2+2+1"③为主体的家庭医生签约服务模式，推进贫困人口基本公共卫生服务有效落地。商洛市进一步完善低保制度与扶贫开发政策的有效衔接，把符合条件的建档立卡贫困人口全部纳入农村最低生活保障的范围，进一步筑实贫困人口的生活安全网。

3. 追赶谋超越，建设新乡村

陕西省、湖北省、河南省、重庆市所属的秦巴山区贫困县已经全部脱贫摘帽。位于甘肃陇南3个尚未脱贫的贫困县也正奋力攻坚，确保如期实现全面脱贫。秦巴山区脱贫攻坚取得伟大成就。秦巴山区地处中国地理版图的中心，具有"承东启西，贯通南北"的区位优势。预计在2020年实现脱贫攻坚目标之

---

① 《陕南移民搬迁带动脱贫成效显著》，2018年9月13日，陕西省自然资源厅网站，http://gtzyt.shaanxi.gov.cn/info/1038/39994.htm。

② 龚仕建、张敬波：《汉中：健康扶贫撵走三只"虎"》，《人民日报》2017年12月15日第13版。

③ 1名村医+1名村卫生计生专干、1名镇卫生院医生+1名镇公卫专干、1名县级指导人员。

后，该区域整体工业化、城镇化水平相对于其他地区仍较低，而该区域在国家生态安全体系中又发挥着至关重要的作用。努力实现区域生态环境与经济社会更加平衡、更可持续的高质量发展，将是继整体脱贫之后的又一重要战略任务。[①] 在中国特色社会主义进入新时代的大背景下，在推进乡村全面振兴，支持农业农村优先发展的方向指引下，秦巴山区正以追赶超越的决心与行动，有效巩固脱贫攻坚成果，深入推进新时代新乡村建设，为广大人民的美好生活而不断奋斗。新时代的秦巴山区正在不断向前迈进。

---

① 陆航：《让脱贫攻坚经得起历史检验》，《中国社会科学报》2020年4月24日第1版。

二 集中连片特困地区的产业脱贫

2018年2月12日,习近平总书记在打好精准脱贫攻坚战座谈会上的讲话中指出,"产业扶贫是稳定脱贫的根本之策,但现在大部分地区产业扶贫措施比较重视短平快,考虑长期效益、稳定增收不够,很难做到长期有效。如何巩固脱贫成效,实现脱贫效果的可持续性,是打好脱贫攻坚战必须正视和解决好的重要问题"[①]。秦巴山集中连片贫困地区因地制宜探索精准脱贫的有效实现路径,帮助贫困群众培育可持续发展的产业;把现代农业发展、美丽乡村建设和扶贫开发有机地结合起来,不仅助力打赢脱贫攻坚战,还实现了农业强、农民富、农村美。

(一)"秦岭药库"的减贫效应及其启示

特色产业是一个地区依托所具有的特色资源、文化、环境、技术等方面的优势所培育的,具有较高识别度、认可度的产业或产业集群,相对于普通产业更能发挥区域优势,具有更高的市场竞争力和经济效益。2014年中共中央办公厅、国务院办公厅印发的《关于创新机制扎实推进农村扶贫开发工作的意见》明确指出,特色产业增收工作是新时期扶贫开发重点推进的十

---

① 中共中央党史和文献研究院编:《习近平扶贫论述摘编》,中央文献出版社2018年版,第83页。

项工作之一。商洛地处秦岭腹地,是中国中药材最佳适生区之一,自古以来就有"秦岭天然药库的美称"。《全国中草药资源汇编》收录的2002种中草药中,商洛就有1192种。然而,在过去很长的一段时期内,商洛的药材资源优势无法转化为经济优势。在打赢脱贫攻坚战的背景下,商洛抓住国家连片扶贫开发及产业扶贫的机遇,大力推动中药材产业扶贫。"商药"品牌成为商洛市经济发展下的代表作,中药产业已成为商洛脱贫攻坚"助推器"。

1. 发展中药材产业的商洛做法

商洛高度重视中医药产业的发展,由政府统一牵头按照"企业(合作社、协会)+基地+农户"的发展模式,将贫困户脱贫致富与产业经营捆绑,真正将"造血式"扶贫落到实处。

(1) 充分发挥地域优势,加大政策扶持。得天独厚的生态环境,是孕育中药材产业的基础。近年来随着国家支持中医药大健康产业发展的一系列扶持政策相继出台,全国中药材市场持续火爆,这为商洛贫困山区的发展带来了生机。第一,成立领导小组。为抓住产业扶贫的发展机遇,商洛市商州区成立了中药产业发展工作领导小组,对当地中药材产业的发展进行科学规划。为激发贫困户种植药材的积极性,颁布了奖补措施,给予卡内贫困户种植普通药材每亩补助500元、种植名贵药材每亩补助5000元。第二,组织技术培训。为保证中药材种植的高质量生产,商洛市政府协调来自西北农林科技大学、陕西中医大学的专家等专业资源,组织开展技术培训140场次,培训药材种植企业人员、专业合作社负责人、中药材种植大户、技术干部以及普通药农8302人次。充分发挥秦巴山区自然生态优势,并且有针对性地为药材种植重点村选派技术干部,帮助农户解决种植中药材的技术问题,培养新时代会管理、懂技术的新兴职业农民。第三,设立专项基金。为实现打造"千亩中药材示范基地"的目标，柞水县每年设立 500 万元中药产业发展专项资金，用于中药产业奖补、研发、保护、培育和基地建设，将扶贫资金用到实处，增强中药产业的扶贫效益。

（2）重视产业扶贫效益，建立捆绑模式。确保扶贫与特色产业协同发展，才能实现脱贫可持续。为找到特色发展产业，带动群众致富，商洛积极响应国家政策，利用当地丰富的中草药资源大力实施"兴药强县富民"战略，切实把发展中药产业作为调整农村产业结构、加快农民脱贫致富的主导产业来抓。第一，增设就业岗位。围绕打造中国现代中药材产业基地的目标，培育药材加工企业，吸纳上万名的贫困户再就业；通过增设就业岗位解决农村剩余劳动力再就业问题，鼓励贫困群众通过自己的双手实现脱贫致富，帮助贫困户实现稳定收入的上班梦。第二，引入"三变"机制。商南县是商洛较为贫困的县区之一，实现脱贫攻坚和产业发展的有机结合，将中药产业列入脱贫攻坚的重点产业，落实以"资源变股权、资金变股金、农民变股民"为主体的农村"三变改革"，鼓励各镇办引入"三变"机制，将贫困户的资金、土地等资源变成股金投入中药材合作社或公司，入股分红带动贫困户脱贫致富。第三，鼓励参与种植。柞水县有"百里药谷"之称，当地按照整河沟域、全流域规划布局，采取"龙头企业＋集体经济组织＋农户（贫困户）＋订单"的发展模式，积极推进中药产业区域化布局、规模化发展、标准化生产、产业化开发，让贫困户积极主动地参与中草药种植，将贫困户的利益捆绑在现代医药产业链上，实现中药产业"造血"扶贫，逐步形成育苗、种植、加工、销售的中药产业全链条模式。

（3）注重产业转型升级，推动规模发展。中药产业是商洛重要的农业支柱和农村脱贫致富产业。为了做大做强中药产业，提高中药材工业化转化水平，商洛市中草药企业在政府的扶持下走上"公司（合作社）＋基地＋农户"的产业发展路子，形成了产、购、销一条龙的中医药大健康产业链条。第一，成立中药材协会。为实现"商药"品牌的向外推广，商州区成立了16个中药材专业合作社及协会，吸纳5000多人参会，使全区药材种植面积逐年扩大，做到规模化、机械化、标准化种植。第二，建设中药材产业种植基地。抓住中药材产业发展的机遇，实现产业规模化发展是关键。商州围绕打造中国现代中药材产业基地的目标，培育药材加工企业，吸纳近千名贫困户再就业；2018年商南新建3.5万亩的中药材基地，结合脱贫攻坚，采取科技特派员驻点包抓等多种形式推动中药材示范基地建设。除外，商洛多地成立从事中药购销、加工、种植的专业合作社，形成中药材一条龙产业链。第三，建立产业园区。将现代农业与中药产业结合是实现中药材规模化发展有效路径。柞水县建成了盘龙生态产业园、丰北河五味子科技示范园、曹坪板蓝根生态产业园等5个医药园区，引进企业29家，产业项目37个，工作岗位涵盖3093户10997名贫困群众。

2. 发展中药材产业助力脱贫的成效

商洛在推动中药材产业发展的同时，实现了产业融合、脱贫致富和乡村治理效益的协同发展，形成了减贫增收、生态良好、经济活跃的良性循环。

（1）发展壮大了贫困地区产业规模。商洛紧紧围绕建基地、抓加工、促营销、创品牌的思路，发挥道地药材资源优势，创新发展经营主体加快中药材产业发展，强力助推脱贫攻坚。截至2019年年底，全市中药材总面积已发展到244.26万亩，产量达到86.83万吨，中医药产业实现总产值154.92亿元。全市采取"政府引导、市场助推、企业主体、群众参与"的办法，通过积极推行"龙头企业带动、合作社带动、产业大户带动、创新金融扶贫"为主体的"三带一创"发展模式，实施"三变"改革，坚持走"企业（合作社）+基地+农户+订单"的发展路子，积极引导企业、合作社和种植大户通过土地流转、土地托管、土地入股等方式，推行"订单种植"模式，大力发展规模化、规范化药源基地，目前已经实现了中药材产业的规模化发展。

（2）激活了欠发达县域经济市场。商洛2018年中药材种植面积及产量均居陕西省各地市之首，同时被列为陕西省中药材规范化种植基地，商州、山阳、柞水三县区形成了以医药企业为核心的工业园区和产业集群，中药产业已成为县域经济主导产业。围绕中药材加工和流通的各类龙头企业迅速发展，商州的天士力、香菊、森弗，山阳的必康、天之润、崇本堂，柞水的盘龙、欧珂，镇安的瑞琪、宏法等一大批中药材加工龙头企业不断发展壮大。截至2019年年底，商洛规模以上中药材加工企业已发展到15家，其中必康药业、盘龙药业已作为全市重点中药龙头企业先后成功上市，全市中药材产业发展势头强劲。

（3）增加了贫困山区农户脱贫动力。商洛将中药产业发展与贫困人口精准脱贫充分衔接，大力推行"公司+基地+贫困户""龙头企业+合作社+贫困户"等经营模式，建立利益联结机制，推进中药产业区域化布局、规模化发展、标准化生产、产业化开发，让贫困户积极主动地参与中草药种植，将贫困户的利益捆绑在现代医药产业链上，实现中药产业"造血"扶贫，真正把中药产业打造成为促进全市经济发展的主导产业。截至2019年年底，商洛中药材种植已覆盖全市半数以上的农户，已使全市3.48万户12.78万名贫困人口实现户均增收4800多元，人均增收1319元。洛南县洛源镇龙潭村西洋参产业基地3年间共流转土地种植西洋参40余亩，贫困户可以通过土地流转费用和在西洋参基地务工增加收入。2018—2019年，共发放工资5万多元，部分群众仅靠在基地务工人均年收入达3000多元。龙潭村种植大户张涛共流转了61亩土地种植党参，全村党参种植达160余亩，带动群众61户，其中贫困户44户。中药产业已成为商洛脱贫攻坚的支柱产业。

（4）打响了"商药"品牌影响力。2017年，商洛提出以"十大商药"为重点，以促进商药增收为目标，推进商洛中药产业园区建设，着力打造"商药"品牌，目前商洛中药产业发展的规模、质量和效益均位居陕西省前列，"商药"品牌更加响亮。"商洛丹参"成功入选陕西"十大秦药"，商洛天士力公司的"丹参种植基地"、柞水的"五味子种植基地"、洛南的"连翘种植基地"、丹凤的"山茱萸种植基地"成功入选陕西"十大中药材种植模范基地"，商洛林联生物科技有限公司是全省唯一一家荣获"2018年全国优质农产品基地"荣誉称号的中药材生产基地。

3. 商洛实践的经验启示

（1）充分利用要素禀赋优势，全力打造区域主导产业。商洛拥有得天独厚的中药材资源。如何将这种资源优势转化为经济优势是每个贫困地区都应该思考和破解的问题。要因地制宜、高度重视当地优势产业的发展，把发展区域优势产业作为调整农村产业结构、加快农民脱贫致富的主导产业来抓。主导产业是整个区域经济增长的核心，它主导着区域产业结构的发展方向，通过连锁反应拉动和推进区域其他产业的发展，对区域发展的贡献度很大。贫困地区要脱贫摘帽，就必须在主导产业上下功夫，因地制宜，把差异化、特色化发展作为加快发展的主要途径，努力把潜在优势转化为现实的经济优势。

（2）建立健全产业发展联动机制，促进规模化发展。发展壮大中药材产业，关键是要按照规模化、规范化、产业化、品牌化的发展思路展开。中药材是一个特殊的产业，其种植加工连接特别紧密，实施中药现代化工程，尤其需要统筹兼顾，统一规划。因此要建立产业发展联动机制，加快中药材仓储、物流体系建设，加大龙头企业培育力度，引进资金雄厚，技术先进、成熟的知名中药集团，通过独资建厂、与现有企业联合、重组等多种途径充分开发当地丰富的中药材资源。加强中药资源的综合开发利用，以药为主，积极发展中药食品、保健品、有机化工、肥料等相关产业，延伸中药产业链条，培育新的中药产业增长点，促进产业发展，效益提升。

（3）加大科技创新力度，提高产业发展水平。科技创新是推动中药材产业持续发展的关键。为提升中药产业发展水平，商洛先后成立了中药材GAP科研工程中心、秦巴良种繁育开发中心、陕西省中药固体制剂和良种选育工程技术研究中心、陕西省骨伤及肿瘤工程技术中心四个民营中药研究机构。同时，各龙头企业建立专门的中医药研究中心和产品研发中心，从事研究开发的技术人员达100多人。只有随着研究中心的建成，形成一个相对完整的科技支撑体系和配套服务体系，才能大力提高当地的中药材生产水平。

（4）提高扶贫资金减贫效益，加大政策扶持倾向。政府针对地区资源条件、经济发展的实际情况，采取政策倾斜、资金投入等措施，可促使特色产业优先发展，快速发展，从而促进整个地区经济发展。商洛中药材产业迅速发展的成功实践表明，为做大做强现代中药产业，政府要给予产业大力的优惠扶持，加大资金投入，整合涉农产业发展资金向中药产业倾斜，为推动中药产业发展提供可靠的资金保障。同时，建立多元化的中药产业发展投融资机制，省级财政每年预算一定的中药产业发展专项资金，主要用于扶持良种选育、种植基地建设、新产品开发、新技术推广应用。同时市、县财政也预算配套资金，鼓励金融机构对中医药产业发展提供信贷支持，拓宽企业融资渠道，统筹发展中药产业。

（二）"小核桃"成为商洛脱贫致富大产业

作为陕西省脱贫攻坚任务最为艰巨的地区，商洛坚持以脱贫攻坚统揽经济社会发展全局，拿出最大精力，派出最硬干部，实行最严措施，聚焦"两不愁三保障"①目标，在劣势中寻找优势，不断壮大特色产业，使产业扶贫成为扶贫开发的突破口。商洛是核桃生长的最佳适生区之一，也是全国著名的核桃产区。"核桃坡，核桃沟，核桃砭，核桃路，漫山遍野核桃树，核桃累累碰人头。"这首民谣是商洛核桃发展历史的真实写照。商洛立足核桃产业的独特优势，始终把核桃作为全市脱贫攻坚第一产业来抓，按照"整合资源、集中投入、扶贫到点、效益到户、全面展开"推进核桃产业发展并助力贫困户摆脱贫困。截至2019年年底，商洛市核桃总面积达到341.6万亩，产量达15.8万吨，综合产值突破50亿元，带动全市7.3万户贫困户25.5万人脱贫增收。

（1）高位推动、力促产业做大。紧紧围绕以"小核桃"做出"大产业"的思路。商洛市委、市政府始终把核桃产业作为脱贫攻坚的重要抓手和载体。牢牢抓住实现核桃产业提质增效和农民增收致富这一重要目标，商洛提出了将"商洛核桃"打造成为继渭北苹果之后陕西又一知名果业品牌的战略定位，成立了商洛市核桃产业发展的工作领导小组，多次专题研究核桃产业发展，先后多次召开核桃产业提质增效工作会，出台了《关于加快核桃产业提质增效的意见》《关于鼓励扶持核桃产业发展的实施意见（试行）》《关于"三书三长"包抓核桃产业示范点活动的实施方案（试行）》等一系列加快核桃产业发展的政策措施。商洛先后十余次组织县区主要领导和主管领导现场观摩核桃科学管理工作，并在北京、西安、杨凌等地成功举办核桃产业展销推介会、项目签约会、专题展览、高端论坛等活动。商洛市还与陕西省林草局、西北农林科技大学分别签订共建核

---

① "两不愁"即不愁吃、不愁穿，"三保障"即义务教育有保障、基本医疗有保障、住房安全有保障。

桃产业示范市、深化核桃产业科技合作框架协议,强力推动核桃产业发展。成立了副县级规格的商洛市核桃产业发展办公室,增加了编制,落实了人员。各县区均组建了核桃产业管理及服务机构,建立和完善了产业脱贫组织体系。

(2)明确目标,描绘致富宏图。核桃产业是打开商洛脱贫攻坚之门的一把"金钥匙",让群众在全面建成小康社会进程中早日过上幸福美满的好日子。立足商洛核桃产业基础和带动优势,科学编制了"十三五"核桃产业发展规划,明确了目标任务、工作重点和保障措施。规划全市新建核桃标准园35万亩,建设标准化管理示范基地100万亩,品种改良提纯50万亩,培育新型经营主体500个,发展核桃立体生态示范园100亩,发展核桃专业合作组织200个,培养核桃技术服务人员2000人,进而带动10万户20万人从事核桃产业开发。目前商洛核桃基地面积稳定在340万亩,综合科学管理覆盖率达到80%以上。挂果核桃园平均亩产达到120公斤。全市农民人均核桃收入达到4000元,占到全市农民人均纯收入的25%以上,核桃产业已经成为商洛贫困群众最重要的致富增收项目。2016年以来,商洛精准发力,核桃产业提质增效效果明显。仅2016年全市就实现核桃增产4.09万吨,增收8.1亿元,年增产幅度达到61.3%。

(3)抓点示范,引领高效增收。商洛全面推进市县镇书记、市县镇长"三书三长"包抓核桃产业示范点活动。领导带头包抓核桃科学管理示范点,为群众提供核桃专用肥、修剪工具、防治病虫药品和器械,组织开展精心垦复扩盘、施肥灌溉、整形修剪、病虫害防治等综合科学管理。市级领导每人包抓核桃科学管理示范点面积不少于1000亩,县区级领导每人包抓核桃科学管理示范点面积不少于800亩,镇办领导包抓核桃科学管理示范点面积不少于300亩。该包抓活动为期5年,从2016年1月启动,持续抓到2020年12月底;同时坚持一抓五年不变,做到换人不换点，以确保包抓工作的连续性和成效。市里坚持在春秋核桃科学管理的关键月份每个月督察一次，每次督察结束后，进行综合打分排名，并在全市通报督察结果。商洛已有国家级林业重点龙头企业2个、国家级核桃示范基地5个、省级核桃示范基地3个。截至2018年年底，全市落实"三书三长"科学管理包抓示范点228个，抓点面积达17万亩，产业经营新机制、新技术在示范点先行先试，引领全市核桃产业持续快速发展。

（4）强化举措，加快脱贫步伐。强化举措体现在两个方面。一方面是强化扶持政策。商洛市委、市政府专门印发《脱贫攻坚产业扶持办法》，明确了核桃产业发展配套扶持政策。仅2016年市级统筹核桃产业政策奖补资金2420万元，对提质增效工作先进县，10个示范镇办，30个"三书三长"精品示范点，35个核桃专业村，30户核桃产业示范大户，10家领办核桃基地的龙头企业，25个初制加工示范点进行了奖补。另一方面，强化资金投入。每年设立1000万元市级核桃产业发展基金，在商州、洛南、丹凤、山阳4个核桃主产县和商南、镇安、柞水3个核桃基地县分别设立1000万元、500万元的核桃产业发展基金。同时，各部门积极争取项目资金，按照渠道不变、各计其工的原则，统筹捆绑使用相关产业项目资金，优先安排使用于核桃产业发展。例如，商洛2017年统筹落实核桃产业发展资金1.8亿元，实施新建园区9万亩，综合科学管理289万亩。此外，还将核桃产业发展分别纳入市委、市政府和部门年度目标责任考核，采取年初部署、阶段督察、半年坚持、年底考评，通过公开通报、颁发流动红旗、末尾问责等措施，以更好推进核桃产业发展。

（5）创新机制，优化脱贫模式。商洛积极探索产业发展新机制、新模式，着力破解核桃产业发展机制瓶颈，有效融入和带动贫困户发展。采取企业带动、专业合作经营、产业大户引领、产业园区承载的发展模式,建立"市场+企业+合作社+基地+农户"五位一体的产业扶贫新模式。与此同时,鼓励和支持洛南天玉、陕西智源、西安双城、亿龙农牧、盛大农副产品、天宇润泽农业生态等一批龙头企业采取流转土地、订单生产、借苗还果①等形式,建立企业联结核桃种植基地的新机制,促进农户脱贫致富。仅2017年,企业流转核桃基地面积6.5万亩,带动示范基地18个,通过土地流转收益、园区务工,带动30多万农户增收。例如,陕西智源食品有限公司是商洛市一家集科研、生产、贸易于一体,主要从事核桃系列产品开发、生产,兼营其他林特产品的股份制企业。它拥有国内先进的核桃系列产品生产线五条,年产量2500吨。2014年,该公司按照"公司+基地+农户"的发展模式,整合各类项目资金800万元,与该村300余户农户签订土地使用意向协议书,流转耕地1000亩。并结合村情实际,在流转经营的基础上,积极探索共建联营模式,在征求农户同意的基础上,以村民组为单位与农户签订共建联营协议,前10年由公司统一制定经营方案,为农户免费提供种苗、化肥、农药等物资,农户投工补助,统一组织实施良种建园1000亩,10年后公司继续提供技术服务,按照收益情况进行效益分成。通过流转经营、共建联营和合作经营等方式,以山阳县法官镇两岔口村为中心,共建成核桃示范基地4130亩。这实现了数百人的再就业,果农人均核桃收入达到2000元以上。

在发展专业合作经营方面,山阳县、商州区以村为单位组建核桃专业合作社,统一购置旋耕机、施肥机、除草机、病虫

---

① 借苗还果:龙头企业、合作社等主体按成本价向种植户提供苗木并免费提供相关栽植技术服务;种植成熟后,企业、合作社等主体按照协议价格回收果实并扣除苗木成本。通过企业、合作社与贫困户之间的对接,可以有效解决贫困户发展产业但无资金承担苗木成本,以及种植后无销路的问题,提升贫困户种植积极性和抵御风险的能力。

防控专用车等，通过有偿服务，推动一园、一村、一域统一经营管理，提高经营效果，增加贫困户收益。在产业大户引领发展方面，商州区产业大户王建行，带领杨峪河镇任家村62户贫困户经营核桃园332亩，人均增收1850元以上。柞水县核桃产业大户张道明，通过传、帮、教、带，帮扶28户"后进户"，带动该村发展良种核桃园2400亩，2016年全村发展收入超过5万元的核桃大户达33户。丹凤、洛南等县制定优惠政策，鼓励懂技术、会管理的137个产业大户进行承包经营，集中修建了管理用房、灌溉设施、生产道路等。在产业园区承载方面，丹凤县民乐先点农业园区依托设施农业、核桃壳活性炭加工等吸纳周边350户贫困户在园区就业创业。陕西天宇润泽公司流转1300亩核桃园，建立核桃主题公园，把产业园打造成观光园、采摘园等，通过核桃科学管理、休闲观光带动产业发展，贫困户通过土地流转收益、园区务工，实现稳定增收。截至2018年年底，全市50亩以上的规模化经营核桃园达1268处，超过85万亩，极大地推进农村一、二、三产业深度融合，引领产业发展。

（6）唱响品牌，增强脱贫能力。商洛核桃产业已覆盖全市98个镇办和98%以上的农户，成为商洛覆盖面最广、优势最明显的脱贫致富绿色产业。商洛通过依托商贸企业、个体工商户和电商平台，积极培育商品集散交易市场。每到核桃成熟期，各地客商蜂拥而至，核桃原果、初加工后的核桃仁交易十分活跃。洛南、商州、丹凤等集散交易市场已经逐渐成为山西，乃至西北地区颇具影响力的核桃原产品流通、交易的枢纽。在传统加工企业基础上，商洛已经发展加工企业近20家，加工产品20多个系列，主要以琥珀核桃、核桃精油、核桃软糖、核桃酥糖、核桃乳、核桃酱为主。随着陕西君威、智源、家金、天玉等一批新兴龙头企业的发展和现有加工企业的整合、优化，商洛核桃的生产、加工、营销水平得到了提升。同时，狠抓核桃质量监管和品牌建设，引导果农树立品牌意识，积极推广绿色、有机栽培模式，开展适时采收，发展机械化初制加工，及时脱皮、清洗、烘干，提高商品价值。不断规范核桃市场秩序，保护商洛核桃品牌形象，商洛核桃产业的质量优势、经济优势和脱贫能力持续增加。

商洛通过产业引领，依托产业发展让群众"抱着金碗有饭吃"。围绕核桃产业下功夫，帮助贫困群众参与产业发展实现长效脱贫，集中力量使产业扶贫成为脱贫攻坚的重要抓手。

（三）"小木耳　大产业"的柞水脱贫之路

陕西省柞水县是一个"九山半水半分田"的山区县，作为陕西省11个深度贫困县之一，它有1.08万户3.24万贫困人口，贫困发生率高达34.9%。全县79个村（社区），贫困村51个，占全县总数的62.9%，其中深度贫困村24个，深度贫困村贫困发生率达30.4%。产业增收是脱贫攻坚的主要途径和长久之策。发展规模化、特色化产业，培育好主导产业，正是建设长效产业的重要抓手。柞水县因拥有大量生产木耳的最佳适生树种"柞树"而得名，这里植被覆盖率超过75%，是一座名副其实的森林之城，柞水自古以来就是优质黑木耳的主产地。利用如此资源优势，柞水紧紧围绕全县"依托产业促发展、依托木耳助脱贫"这一主旋律，倾力打造"柞水木耳"优质品牌，扶持木耳产业基地，助力村民脱贫致富。

1. 发展"柞水木耳"的主要做法

柞水县通过保障资金需求、建立联结机制、提供科技支撑、扶持合作组织、激发发展活力等方式，打造木耳主导产业，实现了从小县城走出国家大品牌的进阶之路。

（1）保障产业发展基础资金需求。多方主体的参与和发展资金的保证是发展特色主导产业最基本的要素。柞水县坚持把木耳产业作为脱贫攻坚主导产业，引导鼓励企业和群众主动参与木耳产业发展，并将财政涉农资金80%以上用于脱贫产业，整合扶贫专项资金、各类支农资金3.65亿元，协调"产业贷"32笔1502万元集中投向木耳产业，启动实施了以"1万亩土地、1亿袋规模、5000吨产量、3亿元产值"为目标的木耳产业"1153"计划和特色产业提升的八大行动，建成了5条千万袋的菌包生产线、1000个木耳吊袋大棚、42个百万袋木耳示范基地，形成了木耳产业规模化、设施化、工厂化的发展格局。如今，柞水木耳已发展成为当地群众脱贫、致富、创收的主导产业，也逐渐形成了"产业发展、集体增收、农民致富"良性发展新模式。

（2）建立脱贫产业利益联结机制。为实现木耳产业长远发展的目标，柞水县建立"六型联结、三七分配、两股共推"的脱贫产业利益联结机制。"六型联结"是"股份联结挣股金、租赁联结挣租金、领养联结挣利金、承包联结挣赢金、劳务联结挣薪金、服务联结保增收"六种贫困户嵌入集体经济等经济主体的形式，"三七分配"指对扶贫资金形成的项目资产进行折价，将资产折价总额的70%量化为贫困优先股股权，30%作为村（社区）集体资产股权，对股权配置情况造册登记，发放股权证，按股分红。利益分配在净收益总额上提留10%公积金、10%公益金、10%风险金用于村集体事业发展，剩余70%用于集体资产收益分红。[①] 这个机制确保了每名贫困户都能够镶嵌在产业链上、捆绑在利益链上，依据贫困户自身条件，灵活机动的多种接入产业链实现群众挣"五金"。全县贫困户均加入集体经济组织，其中7053户贫困户与149家市场主体建立稳定的利

[①] 《柞水创新带贫益贫新机制》，2019年2月26日，商洛市人民政府网，http：//www.shangluo.gov.cn/info/1057/80720.htm。

益联结关系，真正做到经营主体、贫困户、集体经济联股联利联心。并且通过"多股合一股"，创新"两股共推"思路，实现贫困户通过"资源"变资产股和产业资金折股权共同受益。2018年，柞水县共发展地栽木耳5000万袋，产值1.5亿元，利润2000万元。全县折股量化的土地7303亩，分红625万元。将全县7140户贫困群众镶嵌在集研发、生产、加工、销售为一体的全产业链条上，使小木耳真正成为贫困群众增收致富的大产业。

（3）联结外部提供科技支撑。柞水县围绕木耳产业"1153"计划，利用科技做支撑，2017年4月启动了建设以木耳为主题的特色小镇，陕西省科学院在当地建立木耳技术研发中心，引进吉林农业大学李玉院士团队及西北大学大数据和食品科学院研究团队，立项和争取国家有关项目总经费5000余万元，撬动社会企业投入5000多万元，联合研发菌种，攻克木耳产业发展中栽培方式、湿度温度、采摘时节控制等关键技术，同时，立项建设柞水木耳大数据中心，进一步降低木耳产业发展用工成本，建立产销信息网络平台及移动媒体客户端，提高了木耳基地管理水平和产品品质，实现了木耳产业健康快速发展。另外，柞水县积极与高校合作培养木耳科技专业从业人员，在乡镇开展木耳科普宣传，举办160多场木耳生产技术培训，为木耳产业发展提供了科技支撑。

（4）扶持多种类型合作组织。柞水县大力扶持合作组织，先后出台了各项鼓励发展经济合作组织的奖励政策，对带动3户贫困户以上的家庭农场，贴息贷款10万元；对带动10户贫困户以上的农民专业合作社，贴息贷款50万元，协调金融机构向各类经营主体发展"产业贷"32笔1502万元。鼓励有技术、有场地、有设备的能人大户，发展木耳大棚、收购加工、物流运输等合作组织，发展专业合作社303家、家庭农场40家，为木耳产业规模经营提供了有力支撑。同时还大力推广

"借袋还耳"①"借棚还耳"的发展模式，贫困户无须资金就能参与产业发展，全县809户贫困群众通过"借袋还耳"栽植木耳722.3万袋，户均实现增收2000元；230户贫困群众通过"借棚还耳"承包木耳大棚，户均增收5000元。

（5）激发产业规模发展活力。为顺应产业发展的需要，柞水县逐渐形成了以国有公司为龙头、非公经济为支撑、合作组织为辅助的规模化发展态势，这三大平台并驾齐驱保障木耳产业发展。柞水县先后成立了旅投、扶投、科投、林投4家国有企业，每家企业分别负责建设1条年生产能力2000万袋的木耳菌包生产线。以成本价格向全县各大木耳生产基地供应原材料，保证木耳原材料供应充足、成本低廉，并逐渐形成从生产端到回收端的全链条产业发展模式。只有国有企业还不够，柞水县又先后引进了陕西中博、陕西野森林、陕西秦峰、陕西新田地等非公企业，参与木耳袋料生产、冷链仓储、配套产品开发、包装营销等生产经营，激发了整个产业的活力。

如今的"柞水木耳"全域产业发展新模式在全国范围内都备受青睐，一系列优惠扶持政策组合发力，极大地调动了贫困户发展木耳产业的积极性，催生了产业发展的内生动力。柞水木耳产业迅速发展壮大，柞水县2018年共发展地栽木耳5000万袋，产出的2500吨木耳全部销售一空，产值2.1亿元，利润2000万元，带动贫困家庭中的1万人。2019年，木耳产业已覆盖全县9个镇办44个村，栽植规模已达7500万袋，年产干木耳

---

① 借袋还耳：由村集体经济组织与企业签订借袋合同，农户与村集体经济组织签订"借袋还耳"协议，村集体经济免费提供木耳菌袋，每季木耳采摘结束后，农户将成品木耳上交村集体统一销售，村集体经济组织将销售资金扣除借袋成本后返还贫困群众，贫困户无须资金就能参与木耳产业。具体参见《双借双还 互利共赢 多元增收 柞水创新模式增强带贫益贫能力》，http://eslrb.slrbs.com/tbarticle.do?epaper=viewarticle&AutoID=258543。

3440吨，产值2.25亿元，已有6944户贫困户依托木耳产业实现稳定脱贫，贫困群众的辛勤付出换回了真金白银。木耳产业作为该县脱贫攻坚主导产业，被认定为国家地理标志著名商标和农产品地理标志产品，"柞水木耳"的品牌知名度享誉全国，社会影响力持续扩大。

2. 依托木耳助脱贫所取得的成效

柞水县在"政府主导、企业参与、三变引领、三级推进"思路的指引下，紧紧围绕"依托产业促发展、依托木耳助脱贫"这一主旋律，联合相关部门，多措施并举，把木耳产业发展为攻克贫困堡垒的主导产业，全力打造集木耳研发、生产、加工、销售于一体的全产业链条，取得显著的经济效益和社会效益。柞水县小岭镇金米村曾是极度贫困村，近年来通过发展木耳、中药材、旅游等产业实现了整村脱贫。2020年4月20日下午，习近平总书记深入金米村考察，了解木耳品种和种植流程，询问木耳价格、销路和村民收入等，夸奖村民把小木耳办成了大产业。

（1）稳固了产业发展根基。柞水县通过开展木耳技术培训，增强相关种植人员对木耳种植、生产技术的认知和了解，熟练掌握木耳种植、生产技术要领，为促进全县"一主两优"脱贫主导产业发展，保障贫困户稳定增收脱贫提供强有力的技术支撑。2019年上半年，柞水县针对全县涉及木耳产业发展的镇（办）"四支队伍"成员、村集体经济组织法人、从事木耳种植的大户及贫困群众进行专题木耳生产技术培训。特邀西北农林科技大学专家进行现场授课，讲解木耳等食用菌产业的现状与发展趋势、菌种的制作与生产、木耳优质高效栽培技术、农产品质量安全与管理、木耳等食用菌市场营销与品牌管理等；并通过组织学员前往下梁镇西川村木耳基地进行直观讲授学习、实地技术指导，对木耳的田间出耳生产管理、食用菌的菌种规模化栽培及木耳为主的食用菌市场营销等方面对学员进行培训，使更多农户加入木耳产业行列，有利于维持木耳产业发展的长期稳定。

（2）延长了产业发展链条。柞水县通过中央引导地方科技发展专项项目支持，建设木耳深加工产品研发基地，全面开展木耳深加工产品研发，已开发出木耳片、木耳冰激凌、木耳超微粉、木耳菌草茶等多种产品，并和中国台湾一家企业合作研发木耳露系列饮品，全面提升柞水木耳产品附加值和市场核心竞争力。目前已经形成了覆盖木耳等食用菌繁育、种植、加工、金融与行业中介服务、科技支撑的全产业链条，相关研发、生产和销售的政策配套，通过行业部门、协会以及市场加强了上下游产业链之间的协调协同，产业整体竞争力不断增强，效益明显提升。

（3）激发了产业发展活力。柞水县创新"党支部＋'三变'改革＋集体经济＋贫困户"模式，采取村集体控股、党员干部带头参股、动员贫困户自愿入股的方式发展村级集体经济，促进集体经济与贫困群众互利共赢；推出三资股份、租赁分包、产业领养、劳务用工、产品订单、开展服务六个增收"套餐"，针对贫困群众的不同情况，合理选择一种或多种联结纽带，实现股份联结挣股金、租赁联结挣租金、领养联结挣利金、承包联结挣赢金、劳务联结挣薪金、服务联结挣佣金。在利益分配上，对扶贫专项资金形成的项目资产进行折价，将折价总额按三七分成，分别作为贫困优先股股权和村（社区）集体资产股权。激发了广大群众创新创业的激情，促进贫困群众主动参与产业发展，依靠劳动增收致富。

（4）提升了产业扶贫效能。木耳产业已成为柞水县产业扶贫的重点产业之一，有一定经济实力的贫困户直接投入木耳产业，大部分有劳动能力的贫困户则可长期在企业、合作社等就业务工，可确保贫困户长期增收脱贫，木耳产业带动柞水县贫困户 1 万余人，实现了年人均增收 1000 元。全县折股量化的土地 7303 亩，分红 625 万元；3600 余人通过季节性务工，人均实现劳务收入 7000 元。村级集体经济经营收益 641 万元，贫困户优先股收益 448.7 万元，带动贫困人口 9381 户 31260 人。产业扶贫效果明显。

3. 产业脱贫"柞水做法"的经验启示

特色产业是一个地方较之其他地方的发展优势所在。柞水通过保障资金需求、建立联结机制、提供科技支撑、扶持合作组织、激发发展活力等方式，走出一条特色鲜明的脱贫致富之路，为同类地区的减贫与发展提供了有益借鉴。

（1）保障资金是基本。保障资金是发展脱贫产业的保险金，只有保证投入脱贫产业发展资金向特色产业适度倾斜，抓住"一县一业"的政策机遇，争取更多的发展资金，才能防止产业发展链条的无端中断，使得脱贫产业循环开展，进一步加强基础设施建设，打造更多的规模生产基地，为产业发展上好保险，使得后续发展能够更好地进行下去。

（2）机制创新是保障。机制创新是发展脱贫产业的助推器，只有探索建立制度机制，坚持科学化运营、规范化管理，才能推动产业的持续稳定健康发展。习近平总书记指出，发展扶贫产业，重在群众受益，难在持续稳定。要延伸产业链条，提高抗风险能力，建立更加稳定的利益联结机制，确保贫困群众持续稳定增收。[①] 通过建立利益联结、资产变股、资金折股等诸多机制创新来实现群众利益的捆绑，真正做到经营主体、贫困户、集体经济联股联利联心，使得特色产业真正成为全民增收致富

---

① 《习近平在陕西考察时强调扎实做好"六稳"工作落实"六保"任务 奋力谱写陕西新时代追赶超越新篇章》，《陕西日报》2020 年 4 月 24 日第 2 版。

的大产业。

（3）科技支撑是动力。科技支撑是发展脱贫产业的源动力，只有不断促进科技创新，不断促进科技成果的现实转化，真正运用到实际产业的生产当中，才能取得切实可见的成果。必须通过联结农林高校、科研院所等高新技术产地，引进新品种、新技术、新方法来实现产业发展的创新改革，并持续运用基层农技推广队伍来扩大影响面，实现科技成果的更广泛转化推广利用。

（4）规模发展是趋势。规模发展是发展脱贫产业的主趋势，只有大力发挥龙头企业、非公经济和合作组织的带动作用，给予高度的政策优惠，促进特色产业的产业化经营，促进带动更多贫困群体，才能使得分散小生产和统一大市场实现有效衔接，适应农民走向市场参与竞争、向市场经营过渡的需要，提高农民的组织化程度，向现代化农业转变。

（四）电商扶贫助力摆脱贫困的山阳实践

山阳县位于陕西省商洛市，因县域北有流岭、中有鹃岭、南有郧岭，遂有"三山夹两川"之称。山阳县物产资源丰富，但因地理条件较为恶劣，坐落山区消息闭塞，出产的核桃、香菇、木耳等大批特色优质农产品难以转化为群众收入，县区经济发展缓慢，整体发展水平低下。依托互联网，发展电子商务，推进电商扶贫是解决这一困境的有效方法。正如习近平总书记指出的那样，电商作为新兴业态，既可以推销农副产品、帮助群众脱贫致富，又可以推动乡村振兴，是大有可为的。[①] 2016

---

① 《习近平考察陕西小镇背后有这些扶贫大战略》，2020年4月23日，中国共产党新闻网，http://cpc.people.com.cn/n1/2020/0422/c164113-31683730.html。

年以来，山阳县围绕着"脱贫致富，同奔小康"这一目标，电商扶贫网上营销机制，以"互联网+"战略为契机，立足县情实际，全方位推进电商立体化发展，初步形成了具有山区县域特色的电商扶贫发展模式。

1. 主要做法

电商扶贫的主体思路是"在当地政府的推动下，引导和鼓励第三方电商企业建立电商服务平台，注重农产品上行，促进商品流通，不断提升贫困人口利用电商创业、就业能力，拓宽贫困地区特色优质农副产品销售渠道和贫困人口增收脱贫渠道，让互联网发展成果惠及更多的贫困地区和贫困人口"。[①] 电商扶贫弥补了传统流通渠道的不足，使得贫困地区的农民直面市场，减少了中间的流通环节，降低了流通成本，提高了农民的利益空间。

（1）加强基础设施建设，加大政策扶持力度。作为一个地地道道的农业县，山阳最不缺的就是独特农产品，但由于农业产业散、小、杂，当地优质产品无法形成品牌效应，许多具有当地特色的农产品局限在县域内，致使生产与销售脱节。电子商务让它们跨越空间限制，对接到广阔的市场。一是改善电商发展基本条件。在脱贫攻坚背景下，山阳县积极响应国家号召，以"互联网+"为契机，立足本县实情，扎实建设县域内道路、互联网、物流等基础设施，加强交通运输、商贸、供销、邮政等农村物流基础设施共享衔接，改善贫困地区的电商发展基本条件。二是设立电商扶贫专项资金。山阳县每年设立1000万元的专项资金用于发展电商扶贫产业，推出提供办公场所、住房、培训和金融信贷、物流配送、宣传营销等多项扶持政策，结合

[①] 国务院办公厅《关于促进农村电子商务加快发展的指导意见》（国办发〔2015〕78号）。

贫困村、贫困户的脱贫规划，确立特色产业和主导产品，着力推介打造电商品牌企业、品牌产品，推动农村产品上网营销。

（2）搭建"三级平台"，创新"三大模式"。电商扶贫作为精准扶贫的重要手段之一，让在传统市场环境中缺乏竞争力的贫困群体获得了脱贫增收机会。山阳县利用电商平台，打造符合当地实际情况的农村电商扶贫模式。一是搭建"三级平台"。为畅通网销渠道，山阳县搭建了"三级平台"，建成18个镇级电商服务站，98个村级电商服务点，其中59个贫困村先后在县城建成了"大秦岭农特产电子商务（山阳）展示体验馆"、电子商务孵化服务中心、网货品控分拣包装供应中心、农村淘宝运营中心，京东特产山阳馆上线运营，农副产品交易中心建成运营，为网销农产品提供了有力支撑。二是创新"三大模式"。山阳县创新"三大模式"，带动农民增收。建立"电商＋订单＋农户"模式，引导电商企业与农户合作，签订订单收购协议，农户按订单种植；建立"电商＋合作社（公司）＋农户"模式，引导电商企业与种植、养殖合作社合作，签订产销收购协议，合作社按协议生产；建立"电商＋服务站＋代运营"模式，引导电商企业与各村级电商服务站合作，委托服务站代收各类农副产品、代销企业生产的各类产品，这三种模式辐射带动广大群众及贫困户参与电商产业链，完善了农村电商物流配送体系，构建区域农村电商公共服务体系，有效解决了农户"买难卖难"问题。

（3）完善配套服务体系，培养电商人才。山阳县把电子商务纳入扶贫工作体系，全力推进具有代买代卖、快递收发、信息服务、基础金融等服务功能于一体的镇村电商服务站点建设，完善物流配套设施，加快电商人才培养。一是设立镇办农村淘宝服务站点。2016年，山阳县32个镇办农村淘宝服务站点同步开业，开启了山阳农村电子商务发展的新时代，成为西北地区八个农村淘宝服务站点的标准县之一。这些服务站点的开通不仅解决了村民买难卖难的问题，还架起了"工业品进村、农产品进城"的绿色通道，极大地方便了村民购物的同时，也能将村民生产的各类农产品通过网络销售到各大城市，突破空间的限制，促进了当地经济发展，提高了村民的生活水平。二是整合"四通一达"。山阳县依托中国邮政，整合"四通一达"（申通快递、圆通速递、中通快递、百世汇通、韵达快递）等民营快递企业15家，把物流快递覆盖到全县18个镇办和三大景区，采取"带车加盟"（根据规范的流程与要求，配送人使用自己所有的车辆参与快递配送）的办法，把乡村投递员发展成为快递送货员，物流快递覆盖到全县190个村，覆盖率达到80%。三是与社员网（SYW）①开展合作。2018年，山阳县政府与中国供销集团下属公司社员网（SYW）签订"山阳县农产品上行供应链体系建设"合作协议，社员网山阳项目执行团队针对当地存在的问题，与镇政府、相关企业共同探讨研究，制订出一套切实可行的解决方案，通过农产品电子商务上行体系、农产品流通大数据体系、农产品品牌建设及推广体系、电商人才培训、服务站点等项目建设，有效整合农产品市场资源，切实解决农产品销售难的问题，使得当地的中药材、食用菌、林果等通过社员网大宗农产品互联网平台走出了大山。四是校企合作，组织技术培训。为保证县域电商扶贫产业发展有充足的专业储备人才，山阳县把培养本土电商人才作为"人才聚力"工程的重要抓手，采取"走出去"和"请进来"双举措，山阳县与西北大学、南京点石电子商务公司等学校和企业合作，定期选派电商企业人员外出学习和邀请专家来山阳培训，培养了一批懂信息技术、会经营电商、能带动电商发展的专业人才。目前，累计培训3500人次，带动贫困群众投身电商创业就业680多人。

---

① 社员网是契合国家"三农"发展战略和要求、基于现代信息技术的全面服务农业大户的农业互联网生态平台。

2. 取得的主要成效

（1）促进传统产业转型升级，带动县域经济发展。山阳县电子商务进农村综合示范工作开展以来，越来越多的传统企业积极拥抱互联网，利用电商渠道进行产品与服务的购买和销售。家金商贸公司、智源食品公司、广远食品公司、天竺源茶业公司、瑞君生态公司等一批传统龙头企业，积极利用网络平台开展销售，开拓新的市场渠道，为县域经济发展增添了活力和动力。2018年，山阳县已有电子商务规模以上企业13家、农业企业（合作社、家庭农场）158家，物流快递企业23家，电子商务网络覆盖18个镇办、三大景区和160个村（社区），电子商务交易额5.9亿元，先后被评为国家级电子商务进农村综合示范县、全省电子商务示范县、农产品电子商务示范县，"互联网+"社会扶贫工作综合帮扶排名居陕西省第四，商洛市第一。

（2）打响"山阳农产"品牌，促进产业规模化发展。山阳县深度开发"秦岭八大件""山阳四宝"等网销自营产品，打造"山地农产"品牌，创优"陕南生态黑猪""秦岭山地肉鸡""山阳核桃""山阳茶叶""山阳九眼莲"等特色农产品品牌，带动了农产品的品牌化发展。同时，与阿里巴巴、京东等知名电商平台对接合作，推动山阳特色农产品走上大市场。依托山阳逛集网电子商务公司，培育了一批家政、工业品、旅游文化产品、名优农特产品、手工艺品等细分电子商务平台，推动农村经济转型升级，促进农村工业品、旅游及服务产品的电商化。

（3）电商创业就业成为主流。电商人才培训计划的实施，极大地改变了当地农村青年的思想观念，大批农村青年、大学生和外出打工的农民工回乡通过电商创业，激发了"双创"活力，助推了产业发展，缓解了"留守儿童""空巢老人""空心村"等现象，产生了良好的社会效应。2018年，山阳县电商产业链带动创业就业2000多人，全县网民人数31.6万，个人网店微店超过1100家。

（4）有效带动贫困群众增收致富。发展农村电商是帮助农村尤其是西部农村贫困人口脱贫攻坚战中的重要一环。仅2018年，山阳县通过电子商务培训贫困人口2966人次，带动创业就业500人，电商服务覆盖2.2万贫困人口，网上销售贫困户产品500万元，通过产品销售、劳务用工、入股分红等形式，带动增收脱贫1200多户4300多人，真正让农户富在电商产业链上。同时，电商发展也有效带动了消费扶贫，即社会各界通过消费来自贫困地区和贫困人口的产品与服务，帮助贫困人口增收脱贫。[①] 作为山阳县对口帮扶单位的南京六合区的工会及相关企业和山阳县达成了农产品供销合作协议，2018年六合区组织辖区单位购买了价值120万元的农特产品。2019年春节前，六合区发动辖区机关单位干部职工和企业员工，又达成200多万元的山阳特产订单。社会力量以产品购买的方式有效提升了贫困群众的收入，提振了贫困群众参与生产的积极性。

3. 经验启示

（1）政策倾向为县域电子商务带来新机遇。政府、平台、网商、服务商、传统企业、农村经营主体及贫困户，是电商扶贫的六支重要参与力量，缺一不可。政府作为主导力量，应当与各大平台、各个网商及服务商之间建立起有效协作，形成合力，带动传统企业、农村经营主体及贫困户参与电商产业链，引导各方力量参与电商扶贫协同机制，进一步提升电商扶贫效率。特别是地方政府，要发挥统筹协调作用，从资金、制度、思想等各方面完善电商发展环境，引导各方力量拧成一股绳。

（2）打造电子商务特色产业品牌。农产品商品标准化是农

[①] 《国务院办公厅关于深入开展消费扶贫 助力打赢脱贫攻坚战的指导意见》（国办发〔2018〕129号）。

村电子商务助推精准扶贫的必要前提，大多数农村农产品虽种类繁多，但产业规模小、标准化程度低、产品质量不高，与电子商务高标准要求相去甚远。要有效推行农村电商精准扶贫，就必须推进农产品规模化、品质化种植，强化特色农产品品牌建设力度，打造区域性特色品牌，并利用贫困地区自然禀赋优势，在互联网平台进行营销推广提升知名度，打造特色农产品品牌。

（3）电商带动全产业链发展。农村电子商务是线上线下的融合，电商扶贫并非简单地将电商接入农村贫困地区，而是要因地制宜，依托电商平台拓展销售渠道，倒逼生产布局，以农村电商的发展带动社会资本下乡，促进产业链上下游的生产、物流、设计、包装等行业集聚发展，增强农村地区发展的内生动力，增强农村地区对资金、人才等生产要素的吸引力，这才是发展农村电商的内核。

（五）综合施策推进产业扶贫的城固探索

城固县位于陕南汉中盆地中部，是秦巴山区集中连片特殊困难地区县、川陕革命老区县。全县共15个镇、两个街道办事处、232个行政村、40个社区，总人口54.3万人，其中农业人口44.6万人，是典型的农业大县。"十二五"末，全县建档立卡贫困村101个，核定在册贫困人口23576户63441人，贫困发生率为14.29%。2016年以来，城固县大力实施产业扶贫，在推进农村综合改革、发展现代农业、促进产业融合发展、增加贫困群众收入上全面发力、综合施策，助力产业脱贫。

1. 城固产业扶贫的显著成效

（1）特色优势产业发展呈现新趋势。它主要有三大特征：一是规模经营优势明显。在已经形成的粮油、果品、畜牧、蔬菜、中药材等八大主导产业中,畜牧、蔬菜、中药材、大鲵产业规模稳居全省前20位;元胡产量占据全国总产量的70%,是名副其实的中国元胡之乡。二是新产业蓬勃发展。近年来,发展壮大了原来没有的猕猴桃、树莓、光伏发电等新产业。有些新产业已开始发育壮大,成为带动贫困户脱贫致富新的增长点。如禾和集团的猕猴桃产业基地达5600亩,极大地带动了原公镇东原公村、新原村100余户贫困户增加了土地收益和务工收益,户均年增收达3100元以上。三是现代农业提质增效。全县坚持产品结构调整,大宗农产品瞄准"优质名品",其他农产品瞄准"特色优势"提质增效,畜牧、果品、茶叶、蔬菜等特色产业发展逐渐成熟,产业化程度不断提高。

（2）新型经营主体培育呈现新局面。一是积极引入国内外知名龙头企业强带动。城固通过强化农业产业化招商,成功引入了诸如新西兰佳沛集团、北京顺鑫集团、陕西省果业集团、宇辰科技和华鲵生物等一批知名企业,有力地带动了果品、生猪、中药材等特色产业发展。二是注重培育本土龙头企业强示范。全县先后培育了省级农业产业化龙头企业11家、市级龙头企业20家,形成了良好的示范效应,成为脱贫攻坚的生力军和主力军。三是大力发展农民合作社强引领。目前全县已成立896家农民专业合作社（其中:国家级示范社2个、省级百强社2个、市级示范社14个）,166个家庭农场（其中:省级示范农场32个、市级37个）。各类市场主体带动贫困户1.38万户,覆盖贫困人口2.7万人。

（3）利益联结机制建立呈现新特点。一是脱贫带动模式多元化。城固通过订单生产收益、劳动务工收益、反租倒包收益、资产扶贫收益、入股分红收益等多种形式,不断完善利益联结机制,想办法让贫困户参与生产、实现就业,通过边干边学来增强发展能力,稳定提高收入,达到脱贫致富目的。二是产业扶贫目标精准化。城固通过一系列政策规定,促进产业扶贫脱贫。如：获得扶贫资金项目支持的经营主体，必须优先招收贫困户劳动务工；扶贫资金入股分红必须明确贫困户在产业链、利益链中的环节和份额，贫困户收益必须占70%以上。这些具体化的规定，能够确保户户有增收项目、人人有脱贫门路，让更多的贫困户能在产业发展中增收脱贫。

（4）县域经济社会发展跃上新台阶。2011年以来，城固县在汉中市年度综合考核中荣膺七连优。县域经济全省排名从2011年的第27位进到2017年的第9位，6年持续提升了18个位次，跻身"陕西省县域经济社会发展十强县"，成为目前陕南地区唯一（首次）进入"十强县"的县（区）。与此同时，又跻身全省10个"脱贫攻坚先进县"行列，受到省脱贫攻坚领导小组表彰奖励。在2018年上半年全省追赶超越点评考核中，城固再次在全省77个县域经济发展监测中位居第七位，在汉中市11个县（区）综合排名中位居第一位。

2. 城固产业扶贫的积极探索

城固把产业扶贫作为脱贫攻坚的重中之重、关键举措和根本之策，立足自身资源优势、不断厘清发展思路、制定扶持政策、创新产业发展模式，推动扶贫开发由"输血型"向"造血型"转变，使全县产业有了良好发展，精准脱贫取得显著成效。城固产业扶贫实践探索集中体现在以下几个方面。

（1）立足县域资源禀赋，打造适宜扶贫产业。为因地制宜地谋划强化扶贫产业，城固紧紧围绕"五个突出"下功夫：一是突出整体规划。在发展理念上，坚持以新发展理念为引领，着力构建农业与二、三产业融合发展的现代产业体系；在空间布局上，突出以镇为主集聚发展，形成了业态丰富、利益联结紧密、产城融合协调的发展新格局；在政策保障上，编制了《城固县2017—2020年农业产业脱贫规划》《打赢脱贫攻坚三年行动计划》及13个子规划和年度计划，形成县镇村"三级联动、优势互补、覆盖到户"的规划体系，建立健全了推进农村一、二、三产业融合发展的财税、土地等政策保障体系，强化保障促进。二是突出选准产业。着力做到精准选择产业扶贫项目，根据资源条件和市场需求，宜农则农、宜工则工、宜商则商、宜游则游、宜林则林。2016年以来重点打造"八大扶贫产业"，推动形成"南茶北果川稻油、城郊蔬菜山区菌、规模养殖沿江药"的扶贫产业发展格局。三是突出"三产"融合。着力推进农村一、二、三产业融合发展，形成产业扶贫合力。其一，非农企业精准扶贫力度加大。积极组织全县近60家工贸企业，通过劳动就业型、原料采购型、入股分红型、创业孵化型等帮扶模式，直接带动950户贫困户增收脱贫。其二，培育产业发展新动能加快。坚持以调优结构倒逼农业转型升级，促进农业"接二连三"，延伸产业链条，增强农业休闲观光、农事体验、文化传承等功能，培育发展了一批农业新业态新模式，尤其是休闲农业亮点凸现。全县现有10个旅游扶贫重点村，各类休闲农业园区13个、农家乐旅游点87个，带动1340户贫困户实现脱贫。其三，光伏产业扶贫力度加大。累计实施光伏扶贫项目9.45兆瓦，直接或间接带动900余户"三无户"增收致富。四是突出带状发展。已在县域内沿秦岭南坡丘陵坡镇村建成柑橘产业带23万亩，沿湑水河、汉江河、文川河、南沙河、堰沟河岸建成猕猴桃产业带4万亩，沿汉江两岸上元观、董家营、三合、沙河营建成元胡产业带9万亩，南部山区建成茶叶产业带12万亩，沿湑水河原公镇到汉江河沿岸三合、博望、沙河营、柳林、上元观建成"C"字形蔬菜产业带19万亩。生产的规模化、质量的标准化、营销的网络化，让城固的特色产业发展越来越好。五是突出精准脱贫。通过推进特色优势产业和特色产品的发展，全县形成了一批辐射带动能力强、农民增收效果好的主导产业。沙河营镇通过土地流转，加快推进5000余亩高标准猕猴桃田园综合体项目建设，带动全镇未脱贫户依靠土地流转和园区务工增收脱贫。2018年9月27日，为328户贫困户和9个村集体分红近100万元，成为全镇脱贫致富的引领工程。原公镇着力打造800余亩羊肚菌生产基地，生产的羊肚菌市场销路好，直接带动211户贫困户稳定增收。三合镇利用涉农财政专项扶贫资金设立产业发展基金，将资金投入合作社、中药材加工等龙头企业发展产业，确保贫困村、贫困户有稳定的收入来源。全镇共筹资259万元用于投资分红，带动493户贫困户稳定增收。

（2）培育新型经营主体，注重发挥龙头带动作用。城固县全面推广"四带一自"产业扶贫模式，着力在深化园区带动、主体带动、自种自养扶持等方面下功夫，不断提高园区和主体带贫能力，有效激发贫困群众内生动力，努力实现贫困群众持续增收和稳定脱贫。一是深化农业园区带动。积极推行"农业园区+贫困户""大园区+小业主"的扶贫模式，建立产业扶贫示范园区，带动贫困户入园务工脱贫致富。城固以这种模式，持续加大农业园区投入，力争把现代农业园区打造成为扶持资金投入的主要平台、村集体经济和贫困人口增收的重要依托、精准扶贫主导产业发展的核心区示范区。同时，对已建成的34个省市县级现代农业园区加强考核，突出将带动贫困村、贫困户脱贫致富的情况作为一项重要考核指标，通过考核，不断深化农业园区带动作用。二是深化经营主体带动。积极引进、培育和发展龙头企业、农民合作社、能人大户（家庭农场），利用"企业+基地+贫困户"等合作形式，吸纳贫困户参与产业发展，使其成为带动脱贫的"火车头"。目前，全县包括齐峰果业、禾和集团、大红门、汉中嘉汇等一批知名企业在内的723个各类经营主体〔其中：12家龙头企业、75个公司、99个专业合作社、260个扶贫互助合作社、109个村（股份）经济合作社、3个土地股份合作社、136个互助协会、29个其他类经营主体〕参与扶贫，与贫困村、贫困户实施对接，带动1.38万余户贫困户发展产业、销售产品、务工就业、入股分红。三是深化自种自养扶持。坚持扶贫与扶志、扶业、扶技相结合，不断强化激发脱贫内生动力。其一，深化扶志。通过组织发动乡贤，教育引导贫困群众破除"等靠要"思想，激发脱贫致富内生动力，增强其改变贫困面貌的干劲和信心，推动更多有条件的贫困户自种自养、自强自立。其二，强化激励。通过加大产业发展奖补力度，更好地激励、引导、支持贫困户发展特色种养业，主动开辟致富门路。其三，着力扶技。坚持以"实地、实用、实效"为原则，大力开展靶向性、"菜单式"的特色种植、养殖实用技术培训，提升技能，强化本领，带动贫困户增强"造血"功能。

（3）强化关键要素支撑，保障扶贫产业健康发展。产业扶贫离不开资金支持。资金瓶颈如何破解？城固县坚持"三个加大"：一是加大财政扶贫资金投入力度。坚持新增资金、项目、举措向扶贫产业倾斜，县财政每年设立5000万元产业发展专项资金，支持特色产业发展。投资3000余万元建成县电子商务产业园，镇村电商网点实现全覆盖，成为全国电子商务进农村示范县。推动财政涉农资金统筹整合，坚持把专项扶贫资金、涉农资金捆绑使用，集中用于产业发展。截至2019年4月，全县累计整合财政涉农资金6.89亿元，建成了一批贫困人口参与度高、对贫困户脱贫带动能力强的特色产品加工、服务基地，贫困人口自我发展能力明显增强。二是加大金融扶贫投入力度。针对农村贫困户"贷款难"的问题，城固县财政筹集2800万元设立小额贷款担保基金，筹集800万元设立小额贷款风险补偿基金，及时推出免抵押、免担保、财政贴息的"扶贫小额贷"。已累计投放小额扶贫贷款1.9亿元、小微企业富民产业贷9470万元、村级互助资金协会发放贷款2760.2万元。贫困户信用贷款每户最高额度5万元，享受政府3年全额贴息。与此同时，还协调商业银行创新推出"企业+农户""光伏贷""元胡贷"等金融产品，有效破解了产业扶贫资金投入不足的难题。三是加大基地招商引资力度。引进思瑞、九欣牧业公司在天明镇新建万头生猪养殖基地；引进中昇、百盛公司在原公镇田什字和原公村建立1000亩羊肚菌基地；引进浙江科步公司在二里镇大盘村和小盘村建立2000余亩山地猕猴桃基地；引进昊达生物公司在老庄镇双井村流转土地1500亩建成树莓休闲观光园；规划建设了苏陕协作绿色食药产业园等项目。以上这些基地园区建成后，将直接支持、间接带动建档立卡贫困户2100余户脱贫致富，带动21个贫困村产业发展。

（4）建立利益联结机制，确保贫困人口增收脱贫。产业扶贫要取得实效，必须建立健全贫困人口与企业利益联结机制。城固坚持把贫困户精准受益作为产业扶贫的首要目标，变简单"扶持到户"为"效益到户"。第一，聚焦脱贫目标，建立联结机制。城固围绕产业精准扶贫，科学确定产业，精准设计项目，明确带动主体，精准对接贫困村、贫困户，确保产业精准对接，实现有劳动能力贫困人口全覆盖和帮扶资源有效整合。按照"紧盯贫困户，带动一般户"的要求，实施村级扶贫互助合作社和贫困群众"三入"（入合作社、入行业协会、入企业园区）利益联结"全覆盖"，组织引导260个村级扶贫互助合作社、140多家企业园区（景区）、490多个农民专业合作社，以多种方式组织带领贫困群众联产、联股、联业、联营，让贫困户直接融入产业发展链条中，分享产业经营红利。第二，聚焦脱贫质量，创新联结模式。近年来，城固县认真总结了6种典型脱贫带动模式。以山花、永基、禾和、嘉汇、秦诚公司等为代表的务工型带动模式；以元升、顺鑫等为代表的流转金支付型带动模式；以龙宴、榛旺、天丰米业等为代表的订单收购型带动模式；以华绿、和源、弘泰等为代表的入股分红型带动模式；以坤鹏、宝林肉牛养殖等为代表的借养收购型带动模式；以雨露妇女蔬菜瓜果专业合作社等为代表的合作帮扶型带动模式。

这些模式使企业和贫困户建立起紧密的利益联结机制，形成利益共同体，使贫困户能够分享产业发展的成果，获得持续增收的能力。

（5）深化重点领域改革，培育产业发展新动能。城固县在实践中深刻认识到，只有不断深化改革，才能为产业发展注入新动能。为此，城固着力在"三个深入"上下功夫。

一是深入推进农业供给侧结构性改革。城固紧扣贫困村无污染、生态美、农产品品质优的特点，以市场需求为导向，加快农业产业化和特色产业的深度开发。其一，提升农业产业化水平。实施特色产业提质增效工程，做优做强柑橘、猕猴桃、元胡、茶叶等八大特色主导产业。同时，还引进了具有区域特色的羊肚菌、黄金木耳等8个"新、奇、特"新产品，培育出了新的增长点，使其成为带动农民增收的大产业。全县2017年实现农业总产值81.9亿元，居全省第三名。其二，全面提高农产品质量。坚持质量兴农，以农产品质量的提升助农增收。着力突出优质、安全、绿色导向，支持新型农业经营主体申请"三品一标"认证和标准化基地建设，全面提升农产品质量。先后在18个贫困村，开展"三品"认证6个、认证基地面积2.3万亩，为764户贫困户增加了收入。郭家山村取得柑橘绿色认证后，橘子价格比周边村每斤高出了0.2元，市场前景喜人。其三，打造农产品特色品牌。在不断扩大特色主导产业规模的基础上，城固着力打造无公害、绿色、有机农产品及区域性共有品牌，提高产品知名度和市场占有率。截至2019年4月，全县已获得"三品"认证18个，"城固柑橘""城固元胡"分别获得地理标志认证。此外，城固齐峰"徐香"猕猴桃率先在全国实现了出口欧盟资质零的突破。

二是深入推进农村"三变"改革。农村"三变"改革，为精准扶贫、发展壮大村级集体经济和提高财政扶贫资金使用效益提供了新思路和新途径。城固县积极稳妥地推动"三变"改革。其一，因地制宜推进。针对全县大部分村目前不具备全要素整体推进的现状，提出了分层设置、以点推进、逐步覆盖的"1+N"式工作思路。"1"就是顶层，即成立村经济合作社或股份经济合作社，统一管理运营村集体资产；"N"就是顶层下的多层次，即在村经济合作社或股份经济合作社下运营各专业合作社、公司或家庭农场等经营主体，通过各经营主体的股份运营，让农民群众特别是贫困户通过土地或资金成为"1"或"N"的股东，构建起"利益共享、风险共担"的利益联结机制。其二，典型引路推进。总结推广莲花池村的城郊综合型、陈家湾村的产业带动型、刘叶村的区域辐射型、黄牛嘴村的资金撬动型、小北村的旅游开发型五种"三变"改革发展模式，启动"三变"改革试点村61个。其三，改革成效显著。截至2019年4月，成立村（股份）经济合作社95个、村级扶贫互助合作社260个，入社社员达1.43万人，其中贫困人口占1.01万人。已有24960余户群众分享"三变"改革红利4300余万元，村集体获益4100余万元。

三是深入推进大产业扶贫格局。城固县创新优化科技110信息服务模式，在农、林、水、果跨部门建立起了统一高效的技术资源调度和服务工作机制，有效形成了大产业扶贫格局。通过推行"九个一"全面过硬、产业扶贫技术服务绩效和职称挂钩等一些有效举措，全县产业扶贫科技帮扶模式和成效始终走在全省工作前列。按照制订计划、发布指令、技术服务、联动运行工作流程和机制稳步运行，全面打造了"1小时内完成调度、2天内完成服务、全域覆盖、精准靶向"的产业脱贫技术服务的高效指挥体系。2018年累计精准服务17980人次，在产业扶贫中发挥了技术支撑作用。

3. 城固产业扶贫的经验启示

（1）精准选择产业扶贫项目是基础。脱贫根本靠产业，选准产业是关键的第一步。城固在特色产业选择上，一是依据资源条件与市场需求，这几年重点打造"八大扶贫产业"，推动形成"南茶北果川稻油、城郊蔬菜山区菌、规模养殖沿江药"的扶贫产业发展格局，以规模化对抗市场风险；二是在产业选择上立足当地种养习惯和产业基础，升级老产业，发展新产业；三是大力发展贫困户参与度高和受益面大的特色主导产业，助农增收。实践证明，只有紧紧围绕贫困人口增收脱贫目标，因地制宜、因势利导，精准选择产业扶贫项目，加快培育一批特色优势产业，精准带动更多群众稳定脱贫致富，才能走出一条产业扶贫的新路，为决战脱贫攻坚、决胜全面小康提供有力支撑。

（2）加强新型经营主体培育是关键。贫困地区发展产业扶贫，必须要依靠市场能力强、技术水平高、带动意愿足的各类新型农业经营主体。通过他们将贫困户带入产业链，为贫困户创造稳定的就业机会，从而增强贫困群众增收致富的能力。城固在选准产业的基础上，狠抓新型经营主体培育。一是立足本地培育。通过出台激励政策，加大帮扶力度，积极培育和发展多类型、多层次的龙头企业型经济组织。二是加大招商引资力度。制定落实更为优惠的支持政策，有针对性地引入了一批经营规模大、辐射面广、具有影响力、带动力强的龙头企业，利用"公司＋农户"等合作形式，吸纳贫困户参与产业发展，较好地发挥了龙头企业的辐射带动作用。三是注重筑巢引凤。通过营造良好的创业环境，吸引本地外出打工者、大学毕业生、退休干部和职工、退伍军人等能人回乡创业，促进县域经济发展。实践证明，一个龙头企业可以带起一个产业，一个产业可以托起一方经济发展。在产业扶贫中，要加大对各类新型经营主体的扶持力度。不管什么所有制和哪种类型的经营主体，只要与贫困户有比较稳定合理的利益联结，能够带动贫困户和生产基地，使贫困户从中真正得到实惠，就应该一视同仁地给予扶持，这样才能打好产业扶贫攻坚战。

（3）让产业与贫困户形成紧密利益联结是核心。产业扶贫与在贫困地区发展产业不同，一个重要原则就是让产业与贫困户形成紧密的利益联结。通过建立贫困户与企业的利益联结机制，把千家万户的小生产和千变万化的大市场联结到一起，实现稳定增收、稳定脱贫。城固在产业扶贫中，把建立健全科学合理、规范运作、互利双赢的利益联结机制放在重要位置。既注重搞好龙头企业和贫困户、市场、合作社在机制上的对接，处理好龙头企业和贫困户利益分割的关系，又充分尊重龙头企业和贫困群众的生产经营权，遵循市场经济规律，实现新型经营主体和贫困户合作双赢的局面。在产业和贫困户之间建立利益联结机制，这是产业扶贫的核心。为此，要进一步完善产业扶贫利益联结机制，切实提高贫困群众在扶贫产业发展中的参与度和受益度。要坚持推动构建利益共同体。只有既保障贫困群众充分受益实现增收脱贫，又确保各类新型经营主体合法收益，才能实现产业扶贫的良性循环。

（4）"三化"协同是提高产业扶贫效率的保障。为了提高产业精准扶贫的效率，城固坚持以组织化、品牌化和电商化的"三化"协同来推进农业产业化发展。"三化"协同，组织化是龙头。在加大农民合作组织发展的过程中，城固重点关注合作组织对贫困户的吸纳和帮扶，通过发挥合作组织的社会化服务功能，帮助解决贫困农户单家独户解决不了，或者解决不划算的生产经营问题，使贫困农户尽快融入现代农业发展的轨道。"三化"协同，品牌化是支撑。在产业组织化的基础上，城固十分重视农产品区域公共品牌的建设，将产业特色化和产品品牌化相结合，提升了县域内农产品的市场影响力和溢价能力。"三化"协同，电商化是纽带。城固紧紧抓住互联网进农村的契机，加快农村电商化发展，拓宽了农产品的销售渠道，减少了流通环节，降低了流通成本，使城固的农产品及形成的新业态更快进入市场,从而有效增加了农民收入。实践证明,只有坚持以农业组织化、农业品牌化、农业电商化"三化"协同为重点,引领农业产业发展,才能提高产业精准扶贫效率,推动产业扶贫工作取得突破性进展。

(六)破解产业与资金双重困境的汉阴实践

发展产业是实现脱贫的根本之策,资金融通是激活产业的血脉之源。在政府主导脱贫攻坚的局势下,产业扶贫的关键在于正确定位政府在产业发展中的职能,实现市场需求和生产要素的有效对接,提升农户参与、激发内生动力。陕西省安康市汉阴县为打破贫困地区产业发展落后与农户发展资金匮乏的陷阱,自2017年开始,一是通过"镇园产业联盟"模式,使政府回归平台作用、媒介作用、服务引导作用,探索出一条现代农业发展需求和农村分散要素有效结合的产业发展道路,推动了小农户与现代农业有机衔接;二是启动扶贫互助资金对贫困村的全覆盖,形成了财政资金主导供给、村社组织实施运行、农户联保互助监督、外部专业服务助力的运行机制,打造了"农民身边的小银行",为农户提供便捷高效的资金借贷服务。两力相合,在促进产业发展和农户脱贫方面取得显著效果。

1. 积极探索产业扶贫机制

汉阴县是国家扶贫开发工作重点县,产业与资金双重困境突出。一是汉阴县位于秦巴山区,县内村庄多数地理位置偏远,土地细碎化程度较高,农业机械化水平较低,农产品多而杂、全而小,农业生产成本居高不下、农业生产效益难以提高、贫困户增收乏力、全县主导产业不明晰等产业困局难突破。二是全县辖10个镇、141个行政村,总人口31.29万人,截至2018年3月,剩余贫困村64个,贫困人口15749户41475人,贫困发生率达 14.88%，贫困面广、贫困程度深，农户普遍缺乏发展生产的启动资金或流动资金。在产业扶贫过程中，汉阴县的"镇园产业联盟"犹如"火车头"，引领农业产业的整体布局，扶贫互助资金犹如"燃油"，解决贫困群众生产资金短缺难题。

（1）搭建"镇园产业联盟"，发动产业发展引擎。2017年年底，汉阴县搭建起"镇园产业联盟"平台，实现全县各园区、龙头企业、合作社等新型经营主体与各贫困村信息互联互通，实时共享市场需求和产业发展信息。通过搭建各镇与园区产业扶贫沟通的桥梁，解决"贫困村和农户想发展生产，却不知道选择什么产业、农产品往何处销""农业园区想扩大生产规模，却不知道基地往哪里发展""农产品加工企业有原料需求，却不知道哪里能供给"的突出矛盾。

具体做法：一是搭建"镇园产业联盟"平台，降低信息交换成本。汉阴县将农业园区各企业发展需求、镇村负责人、第一书记联系方式编制成册，发放到各村各企业，组建了由企业负责人、镇村主管领导、驻村帮扶工作队员、第一书记为成员的全县产业扶贫信息交流平台。采取"镇园联盟、村社承载、贫困户参与"模式，打通贫困镇村和全县各园区、龙头企业、合作社等新型经营主体的沟通渠道，实现多方信息互连互通共享，降低信息获取成本。以双河村为例，该村距离汉阴县城约40千米，地理位置偏僻，信息闭塞，加之害怕市场风险，过去农民只种玉米和水稻，而随着青壮年劳动力不断外出务工，种粮食相对效益低下，也不知什么产业有市场、有销路，土地撂荒增多。"镇园产业联盟"的推出，解开了村民的迷茫，使产业和市场动态信息便利可得，大大缩短了镇村、农户与企业、市场的信息距离。二是完善产业对接工作机制，降低合作组织成本。汉阴县以"镇园产业联盟"项目对接指南为指引，一方面组织镇村干部到农业园区考察学习，使他们开拓发展思路，并增加对各类园区发展状况的了解，进而结合本地的资源禀赋和产业基础，形成相关产业对接可行性的初判；另一方面促进园区与各村第一书记、支部书记进行对接，由各村组建专业合作社，组织农户从事农业生产，通过产业技术培训，让广大农户更清晰地认识园区企业的发展模式，也让企业及时掌握各村发展意愿，通过有组织的双向考察观摩，降低园区企业和镇村的相互选择成本，便于有效开展合作。在先后两次全县范围产业考察中，共有26个相关帮扶单位负责人、10个乡镇镇长和农业综合服务站站长、77个贫困村第一书记和部分农业园区企业代表260余人次参与。以五一现代农业园区为例，该区负责人表示，过去想扩大生产规模，但对村的信息不了解，主要通过宣传和熟人介绍直接与农民联系，但这种沟通相对零散且未必能获得群众信任。通过"镇园产业联盟"平台，该园区经推介后迅速与汉阳镇签订了500亩羊肚菌种植合同，并与其他7个乡镇近20个村达成初步合作意向。三是完善利益联结机制，降低谈判博弈成本。各镇在指导园区与贫困户开展产业对接的过程中，通过成立村级股份合作社和专业合作社，与园区企业进行合作。在与园区企业签订产业合作合同时，充分征求农户意见，经由村两委班子、第一书记、农户代表商议表决，并报镇党委会把关批准。"镇园产业联盟"通过多方协商模式平衡各方利益诉求，大大降低了谈判博弈成本。以晶康现代农业园区为例，该园区2017年10月才从广东佛山招商引进，因语言沟通不畅和对当地环境不熟悉，农户对园区信任度不高，要想动员广大农户跟着园区发展中药材产业非常困难。后经县政协、农业园区服务中心等部门协调，才得以在两个乡镇建成200多亩百合、太子参种植基地。而在"镇园产业联盟"推动下，2018年已有不少镇村主动联系园区，并迅速组建了专业合作社16个，目前已签订4500余亩中药材种植合同，计划全年种植15000余亩，带动3000余户增收致富。四是出台产业发展扶持政策，提高资金使用效率。汉阴县通过整合财政资金与社会各界帮扶资金，出台针对性奖励扶持政策，充分发挥产业扶贫资金的引导作用，提高扶贫资金使用效率。结合县域资源禀赋条件、产业基础环境和市场需求前景，制定《汉阴县产业扶贫工作指导意见》，明确"政府引导、市场主体、能人带动"的产业扶贫思路，通过"扶贫资金跟着贫困户走，贫困户跟着经营主体走，经营主体跟着市场走"的利益联结方式夯实产业扶贫根基。制定《汉阴县产业脱贫扶持奖励办法》和《汉阴县2018年星级示范性家庭农场奖补办法》，引导做大做强园区企业，对产业基础好、带动能力强的企业加大扶持力度。制定《汉阴县贫困村贫困户产业发展奖补办法》，激发贫困户内生动力，提高他们自主脱贫积极性。

（2）覆盖扶贫互助资金，增添发展动力燃油。为提升农户自我发展能力，促进产业发展，实现可持续脱贫，扶贫互助资金成为陕西省脱贫攻坚的重要举措。汉阴县的扶贫互助资金探索较早，始于2009年。经过近10年的长期探索与2017年以来的迅速发展，汉阴县围绕"谁提供资金""谁操作运行""谁担保监督""谁服务管理"等问题，形成财政主导资金供给、村社组织实施运行、农户联保互助监督、外部机构专业服务的运行机制，发挥不同组织资源优势，保障了互助资金良性运转。截至2018年7月，汉阴县扶贫互助资金协会总计达到87个，其中77个贫困村实现全覆盖。入会农户共11561户，其中贫困户占近八成（9228户）；资金总量达到4635.92万元，其中财政专项扶贫资金占91.0%（4217.72万元），农户缴纳基准金占6.4%（298.2万元），其他扶贫协作项目资金占2.6%（120万元）。

具体做法：一是财政扶贫资金主导，突破信贷资金供给困境。扶贫互助资金以财政扶贫资金为主导，财政扶贫资金占互助资金总量九成以上，以小额度、低利率、高便捷的方式，实现对农村定向金融供给，相当于将资金供给成本上移，由财政负担，突破了农村金融供给严重不足的困境。二是村社组织资源平移，较低成本实现协会运行。扶贫互助资金由各项目村选择3—5名有责任心、有业务能力、有管理能力的人员组成"互助资金"村协会的管理机构，设会长、会计、出纳、监事长各1名，具体负责项目村贷款户的审核把关、资金发放、回收等日常工作。原则上村协会班子成员由村两委成员兼任，经会员大会民主选举产生。为调动协会管理人员的工作积极性，汉阴县制定出台《汉阴县村级扶贫互助资金协会管理人员工作补贴及办公经费支出管理办法》，实现"有机构办事、有人办事、有钱办事"。三是内部信用互助监督，解决传统分散监管难题。汉阴县扶贫互助资金以五户联保，担保监督，实现内部信用互助和监督，解决了传统的分散授信与监管难题。各项目村协会都设立由五名会员组成的联保小组若干，会员在申请贷款需求并取得所在担保小组所有成员担保签字后，可进入理事会、监事会最终评议环节。在监督方面，多重追责机制发挥了对违约的制衡作用。贷款人的借贷信息与信用社联网，根据签订的贷款合同，违约时依法可执行代扣；同时，赖账不还者将在村里黑榜公布，村内的舆论力量提供了辅助惩罚机制作为非正式约束。在贷款人不能还款的情况下，担保人负有连带偿还责任，形成担保小组谨慎把关担保的激励，使贷款便利高效与借贷风险防范得到有效的机制平衡。四是引入市场专业服务，防范资金管理多种风险。汉阴县通过购买社会服务的方式，委托专业会计师事务所对各项村协会的账务进行指导和梳理，做到总分类账、明细账、现金日记账、银行存款日记账、会计凭证的统一。全县加大协会监管力度，通过"印鉴、账户、现金、存款"的规范管理，以及签订安全协议、严格贷款程序、公开透明管理等措施，确保项目规范运行，并由镇财政审计所负责对所辖村级互助资金协会进行监管，将规范管理和使用绩效列入年度审计内容。实行资金专户代管制度，打造安全资金池，即由县级协会开设对公专户，村级协会账户为零余额账户，银行存款由县级协会集中代管，调剂使用，村级协会发放每笔借款经审批后，由县级协会审查核实，申请县级协会拨款。据统计，汉阴县互助资金协会共归集资金2200余万元至专户统一代管，为全县扶贫互助资金打造了一个安全的资金池。此举有效预防资金"垒大户""旧账未还，再添新债""逾期不还""少数户长期占用互助资金"等问题。

2. 取得的基本成效

（1）产业引导带动要素整合，优化县域农业产业结构。通过搭建"镇园产业联盟"，让经营效益较好的现代农业园区与贫困镇村进行合作，进一步扩大了生产规模，逐步形成面向市场需求的主导产业，优化了全县的产业结构。秦巴山区农产品生产成本较高的劣势和生产富硒绿色农产品的优势，倒逼企业主体采用先进的生产技术和生态化的种植模式，通过提升农产品的品质赢得市场竞争。在"镇园产业联盟"的推动下，农业产业园区规模扩大，为当地农产品深加工产业提供了充足的原材料，也为农旅融合提供了发展基础，实现农产品提质增效，促进三产融合。例如，汉阴有旱坡地种植玉米的传统，但由于玉米口感差、产量低，导致产业发展效益较低。小仓农林公司引进的甜玉米新品种，具有产量高、品质好、口感优的特点，辅以先进的种植技术，甜玉米亩均收入达到1900元以上。该公司通过"镇园产业联盟"平台，与漩涡镇东河村、双河村等4个镇6个村的548户贫困户签订产业扶贫协议，发展甜玉米种植基地2000余亩。2019年6月已完成800余亩成熟甜玉米收购，经加工后直接进入公司冻库储存，带动贫困户增收160余万元，真正提升了农产品供给质量和农业发展效益。"镇园产业联盟"通过改善农业产业发展环境，释放了现代农业企业、农村资源禀赋、农户生产能力等各方活力，促进了产业发展、主体培育和农户增收。截至2018年9月底,全县已建成现代农业园区60个,壮大龙头企业18家,发展合作社378个,培育家庭农场701户,已有110个村与70多家园区企业签订产业联盟协议,并基本实现对贫困村的中长期产业全覆盖,共发展产业基地8.12万亩,带动农户9327户(其中贫困户2359户)实现增收。

(2)信贷普惠融于产业引导,激活农户发展内生动力。一是"镇园产业联盟"带动的产业发展环境,拓展农户增收渠道。首先,贫困户以土地流转得租金、园区就业得薪金、订单生产得订金、入股分红得股金等方式增加收入,分享现代农业发展的效益。其次,通过接受园区务工和订单生产相关生产技术培训,农户掌握了生产技能,进一步提升了贫困户的发展能力。最后,通过园区发展提供的就业岗位及订单生产中高于市场价格的利润空间,有效激励贫困户直接参与农业生产环节,并辅以到户的种养殖奖补政策,充分提升了贫困户发展的内生动力。陕西果业集团安康特产有限公司流转土地1000亩,打造猕猴桃产业基地。截至2019年2月,已种植猕猴桃500多亩,每年可为中坝移民安置社区200多户群众提供就业岗位。二是扶贫互助资金有力解决了农户生产资金短缺难题,增强农户发展能力。过去,贫困地区农户通常难以提供正规金融机构借贷所需要的有效担保,同时面临贷款手续繁多等多种障碍,不仅无法增加再生投入,还会因临时的资金需求陷于债务困境。扶贫互助资金借贷便捷度高、利息率低(一般低于当地农信社贷款利率),且贫困户享受财政贴息,较好解决了农户"贷款难""贷款贵"的问题。蒲溪镇茨沟村的贫困户吴某,家中3个孩子都在上学,生活开支大,难以积蓄资金投资生产。2017年8月,吴某从互助资金贷款5000元,享有1年财政免息补贴,购买10只猪仔,进行生猪养殖,购1000斤玉米,土法酿造玉米酒,两项经营一年增加纯收入7000余元,不仅摆脱了捉襟见肘的借贷困境,也大大增强了吴某自主脱贫的信心。截至2019年6月,汉阴县扶贫互助资金累计发放借款2957.5万元，扶持农户3437户次，其中贫困户1335户次，占借贷农户户次的38.8%。在互助资金支持下，贷款户共养猪15100余头，养牛1000余头，种植烤烟5500余亩，种植菊花350余亩，种植魔芋3500余亩，户均增收5000余元，互助资金将农户个体的脱贫融入区域性的产业发展，有效提升了农户收益能力和内生发展动力。

3. 经验与启示

（1）坚持市场导向是产业扶贫的基本原则。市场需求是产业扶贫布局的基本导向。"镇园产业联盟"模式，一是充分发挥了新型农业经营主体作用，尤其是作为现代农业园区建设主体的农业龙头企业一般在掌握市场信息、应对市场风险等方面相较于传统小农户经营具有优势，能通过运用现代农业生产技术形成产业规模效应，从而降低农业生产成本、提高农业生产效率。二是"镇园产业联盟"项目对接以企业与贫困镇村平等自愿为基础，双方基于市场规则形成合作意向，充分发挥了市场在双方资源配置中的作用，降低了政府过度干预可能导致的市场效率损失。汉阴县政府在产业扶贫过程中主要做好服务职能，为企业和镇村对接、实现产业发展提供外围环境和支持服务，同时通过扶贫互助资金提供普惠性信贷支持，通过出台一系列管理办法，为规范运行提供制度保障，并加强对村协会的业务培训和宣传引导，推动政策落实，引导贫困户嵌入产业链条共同发展，让农户的自主生产决策融入产业发展之中。

（2）统筹机制目标是融合发展的内在基础。产业扶贫要突破产业与资金双重困境，既要有产业牵动，也要有农户参与。汉阴县的产业扶贫做法，将产业发展与互助资金紧密结合。根据各项目村的资源禀赋条件、产业特征与市场前景，围绕"南茶北果川道园"的产业布局，确定产业扶持重点，积极引导协会把互助资金优先投放到会员中的建档立卡贫困户，引导贫困户发展产业，促进贫困户增收。观音河镇观音河村按照"资金跟着贫困户走，贫困户跟着合作社走，合作社跟着项目走，项目跟着市场走"的思路，破解了"贫困户发展产业难、合作社融资难"的问题，将互助资金与贫困户、合作社和当地产业紧密连接起来，实现双赢。

（3）夯实利益联结是互利共赢的必要条件。夯实利益联结机制是农业企业、镇村、农户在产业链中互利共赢的必要条件。"镇园产业联盟"和扶贫互助资金通过多种形式的利益联结，将农户嵌入农业产业链中，既稳定了企业预期，也利于农户长期受益。其一，对于自身发展能力较强、采用流转土地进行"重资产"运营的园区，农户可以通过土地流转获得收入，并通过参与园区务工的方式获得工资性收入；对于采用订单生产等"轻资产"运营的园区，由园区统一提供种苗、技术，提高农产品质量，并以高于市场价的价格进行收购，使农户获得更高收益。其二，将互助资金协会与有一定基础的产业合作社结合起来，由产业合作社与农户签订土地流转协议、产业管护协议或合作共营协议，互助协会根据与产业合作社签订合作协议带动的会员数量确定扶持合作社贷款额度，合作社获得贷款和贴息双重扶持，贫困户会员通过土地流转、优先务工、收益分红等获得稳定收益。

三 易地搬迁：破解"一方水土养不起一方人"难题

2015年11月27日，习近平总书记在中央扶贫开发工作会议上的讲话中提到"生存条件恶劣、自然灾害频发的地方，通水、通路、通电等成本很高，贫困人口很难实施就地脱贫，需要实施易地搬迁。这是一个不得不为的措施，也是一项复杂的系统工程，政策性强、难度大，需要把工作做深做细"。实施易地扶贫搬迁政策，不仅要通过科学的规划确保需要搬迁的贫困人口"搬得出"，还要通过精准管理和配套服务保证搬迁群众"稳得住"；同时，还要解决搬迁群众的就业问题，帮助贫困群体实现"能致富"的愿望。秦巴山区在精准搬迁、精确施策、精细管理等方面积极探索并取得显著成效。

（一）商洛移民搬迁"三精管理"模式斩断穷根

易地扶贫搬迁脱贫一批，是中央脱贫攻坚"五个一批"的组成部分，通过把生存条件恶劣、自然灾害频发、水路电暖建设成本很高，难以实现就地脱贫的群众，迁移到县城、乡镇、中心村等环境承载力较高、发展空间更大的地方，并配套以产业、就业帮扶，从而根治"一方水土养不起一方人"。"易地搬迁暖人心，大红对联颂党恩""奔小康挪出穷山窝，感党恩搬进新家园"。这是山区贫困群众书写的对党的扶贫搬迁政策的无限感恩之情。商洛紧扣搬前、搬中、搬后三个重点环节，制定出台移民搬迁精准搬迁、精确施策、精细管理"三精管理"工作体系，稳步推进移民（脱贫）搬迁。2016年度实施搬迁安置28760户110859人，其中易地扶贫搬迁18027户73010人，同步搬迁①10733户37849人，建集中安置项目108个，完成投资39.82亿元。2017年度实施搬迁安置38552户141546人，其中易地扶贫搬迁35852户131585人，同步搬迁2700户9961人，建集中安置项目140个，完成投资12.44亿元。时任国务院副总理汪洋到商洛调研时对商洛市移民搬迁工作给予了充分肯定，"三精管理模式"在全省现场观摩会上被分享，并在全省推广。

1. 精准搬迁建台账：滴水不漏

易地扶贫搬迁是从源头上解决贫困群众脱贫路径之一，只有把搬迁对象弄清弄准，搬迁脱贫的初衷才能实现。围绕"搬迁谁"的问题，商洛从已搬迁对象、计划搬迁对象、政策执行、政策衔接四个方面，同步开展易地扶贫搬迁数据清洗、"十二五"陕南搬迁回头望、易地扶贫搬迁接续调查等一系列行动，让搬迁对象筛选程序更加科学、数据更加准确、搬迁意愿更加真实。随后，通过整合各县市区移民办干部、镇办包村联村工作队、县直部门驻村工作队、村组干部"四支队伍"共计1200多人次，深入全县15个镇办，逐组、逐户进行调查，做到"依据政策、实事求是、应搬尽搬"。并按照"一户一档、一点（安置点）一册、一镇一册、一县一册、一市一库（信息库）"的标准建立了"五个一"档案台账，实现了扶贫信息和移民搬迁

---

① 同步搬迁：居住在生态恶劣地区、自然灾害高发区的群众同样包括不符合贫困识别标准的非贫困人口，而他们同样面临生存风险和生产困境，通过将这一部分群体和贫困群体同步搬迁到适宜生存地区，落实相应补贴与帮扶政策，可以让这一部分群体实现更好地生产生活。

信息系统同步接轨,为"十三五"易地搬迁工作奠定了坚实基础。现今,如果走进商洛市的集镇或是乡村旅游景区,抬头四望,一幢幢楼房拔地而起,人气兴旺,处处都是青山绿水,一派欣欣向荣景象,能感受到移民搬迁带来的新气象。通过扶贫干部的政策宣传与一遍遍的数据清洗,利用互联网建立档案台账,商洛移民搬迁工作最终有效落地。

2. 精准施策保安置:有条不紊

精准规划选址,让惠民政策更接地气。围绕着老百姓想往哪里搬、适合往哪里搬,精准规划安置点,严格落实陕西省移民搬迁"四避开"(避开地质灾害易发区、洪涝灾害威胁区、生态保护区和永久基本农田)、"三靠近"(靠近城镇、中心村和园区景区)原则。镇安县长贾建刚说:"在集中安置点选址与规划工作中,县上坚持靠近园区、靠近景区、靠近社区的基本原则,做到大点与小点建设相结合,进城入镇与中心村安置相结合,流域安置与集镇安置相结合,确保选址科学合理,使搬迁群众真正搬到有发展前景的地方。"通过科学选址,镇安县"十三五"期间共建设安置点59个。丹凤县突出以户定搬,按照"以人定房、以户定建、以产定搬"和"宜农亦农、宜商亦商、宜工亦工"的思路,针对不同搬迁对象的家庭情况、人口结构和脱贫举措分类甄别梳理,确定安置地点、安置户型、安置年度,签订搬迁安置、脱贫致富和宅基地腾退"三项协议",实现了人房对接、精确安置目标。商州区组织发改、住建、国土、环保等部门采取集中办公的方式,建立项目前期手续办理"绿色通道",与镇办面对面办理集中安置项目的勘界、测绘、选址意见、土地预审、立项批复、环评意见等前置手续,同时委托中介机构对集中安置项目的地质灾害、洪涝灾害危险性评价进行打包办理,为项目快速有序推进创造了条件;此外,充分利用"十二五"期间杨斜镇松云等8个已建成集中安置项目中的存量房源，精准安置易地扶贫搬迁对象。各个县市区因地制宜，根据实际情况严格落实移民搬迁政策，保证商洛移民搬迁工程有条不紊地展开。

3. 精准管理促脱贫：稳扎稳打

坚持先业后搬，确保搬得出能脱贫。这是实现移民搬迁群众生计可持续的重要保障。2017年启动实施易地扶贫搬迁3.91万户14.39万人，建集中安置项目138个，为各县（区）50户以上集中安置点逐点编制产业发展规划，建设配套产业。为帮助农户实现就业创业，商洛市在市县设立了扶贫贷款担保基金，累计发放"农户贷"17.01亿元，"产业贷"17.44亿元，基本实现新型农业经营主体全覆盖。搬迁是手段，脱贫才是目的。搬迁后整体生活水平得以提升，但同时也面临着整体生活费用的提高。实现贫困群众收入稳定才是实现脱贫可持续的关键。围绕着一部分搬迁户在新小区居住没有土地的实际情况，以及如何才能尽快实现就业、创业。镇安县柴坪镇在安置点动工前，镇、村就将周边1千米的土地全部流转回来，建成了4处共500亩的密植桑园，紧挨安置社区配建了养蚕工厂，实行规模化、集约化养蚕技术，带动小区100余户留守妇女就业，户均增收5000余元。通过这样的社区工厂、就业园区，为搬迁群众就地就近就业、发展二、三产业无缝对接，帮助易地扶贫搬迁户精准就业、精准脱贫。

国家实施易地扶贫搬迁政策的初衷，是将生活在缺乏生存条件地区的贫困人口搬迁安置到其他地区，并通过改善安置区的生产生活条件、调整经济结构和拓展增收渠道，帮助搬迁人口逐步脱贫致富，这不仅是中国战胜绝对贫困的一次挑战，也是深化国家治理能力提升的一次考验，最终实现乡村振兴、民族富强，还是需要全体人民共同的努力。这正如习近平总书记所指出的，搬得出的问题基本解决后，后续扶持最关键的是就业。乐业才能安居。解决好就业问题，才能确保搬迁群众稳得住、逐步能致富，防止返贫。[1] 实现在新家园就近就地就业，是稳住脱贫成果、稳住人心的关键，通过全体人民的共同努力，最终实现乡村振兴、民族富强。[2]

（二）镇安县"双示范"社区建设推进移民搬迁

易地搬迁是解决"一方水土养不起一方人"、实现贫困群众跨越式发展的根本途径，也是打赢脱贫攻坚战的重要途径。易地搬迁群众来自四面八方，加强社区建设很重要。[3] 作为陕西省11个深度贫困县之一的镇安县自然条件差，移民搬迁任务重。"十三五"期间，全县共有易地扶贫搬迁对象8139户27681人需要通过搬迁实现脱贫，分别占全县建档立卡贫困户数和人数的40%和45%，为了让搬迁群众在小区有更多的获得感、幸福感、安全感，镇安县把宜居宜业"双示范"社区创建作为有效抓手，结合乡村振兴战略，走出了"三个五"（即"五项举措、户分五型、五小社区"）的镇安模式。

1. "五项举措"落实精准搬迁

镇安县紧紧围绕到底搬迁谁、人往哪里搬、红线怎么控、能住多大房、房子怎么建等一系列问题，深入调研，确保精准搬迁。在对象识别上，严格按照"一方水土养不起一方人"的

---

[1] 《扎实做好"六稳"工作落实"六保"任务 奋力谱写陕西新时代追赶超越新篇章》，《陕西日报》2020年4月24日第2版。

[2] 陆航：《让脱贫攻坚成果经得起历史检验》，《中国社会科学报》2020年4月24日第1版。

[3] 《扎实做好"六稳"工作落实"六保"任务 奋力谱写陕西新时代追赶超越新篇章》，《陕西日报》2020年4月24日第2版。

政策界定，做到实事求是、应搬尽搬，通过全省数据清洗、接续调查核查、搬迁对象动态调整措施，确定"十三五"易地扶贫搬迁对象8139户27681人，精准扣好了搬迁工作的第一粒扣子。在安置方式上，以集镇安置为主、县城和中心村安置为辅、分散安置为补充的原则，科学合理布局集中安置点。在规划选址上，县上坚持把移民搬迁、经济社会发展、城镇建设三个规划一体考虑，与美丽乡村、旅游景区、产业发展、农民增收有机结合，探索流域安置模式，让住在同一流域的搬迁户既能搬迁到医疗、教育、就学方便的小区，还能继续在自己的林地、土地上创收。在建设模式上，在全省率先推行"EPC总承包"，对30个集中安置点统一设计、采购、建设、一次性建成，加快了建设进度、保证了工程质量、体现了国家惠民政策落实环节的公平合理，有3个安置点320套安置房实现了当年开工当年入住。在政策把控上，坚持先人后房、以人定建、以户定搬原则，把"两条红线"挺在最前边，提前预防"双超"问题发生。在安置房建设过程中，根据搬迁对象个人意愿和家庭结构，按人均20平方米左右规划建设安置房。对分散搬迁房实行镇村负责统建小集中模式，保障人均建房面积不超过25平方米；搬迁户人均出资不超过2500元，户均不超过1万元"两条红线"规范落实，安置房面积不超标和群众自筹金额不超标的达标率均为100%。

2. "户分五型"推进精确施策

镇安县根据搬迁对象的实际情况和就业创业意向，将搬迁户进行科学分类、因类施策、精准脱贫。对于贫困户精准帮扶，镇安县将贫困群众细分为五种类型：即传统农民型、社区工人型、三产服务型、外出务工型、兜底保障型。

传统农民型。对有农业产业意愿、离不开土地的2158户搬迁群众，通过"三变"改革措施，对搬迁群众的土地林地优先流转，让搬迁群众通过土地流转得租金的同时，还可继续在土地上打工增加收入，形成多渠道增收路子。同时，实现大户带、企业带、三社（合作社、信用社、供销社）带和联产、联业、联股、联营为主的"三带四联"全覆盖，为每户搬迁群众配股5万元，仅分红一项户均年增收4000元。

社区工人型。对有一技之长，既有在家门口就业意愿，又需要照顾家庭的搬迁群众，结合各安置点的资源禀赋，依托茶叶、蚕桑、食用菌、中药材等特色产业及电子加工业，为每个集中安置点至少配建一个社区工厂（扶贫车间），全县2100余户搬迁群众在家门口实现了就业创业。

三产服务型。对有一定服务技能、服务意识浓、懂经营会管理的搬迁群众，通过奖励激励、资金扶持等办法，鼓励开办农家乐、农家客栈和旅游特产店等措施，让918户搬迁群众从事第三产业，增加家庭收入。

外出务工型。对有一定文化程度、身体素质好、有意愿外出打工的搬迁群众，通过开展技能培训、有组织的劳务输出，2300多户搬迁群众实现稳定增收。

兜底保障型。对663户705人"五保"户，采取移民搬迁政策建房，由民政部门兜底保障，解决生计问题。对特困"三无"（无劳动能力、无生活来源、无法定扶养人或者赡养人）户，实行"一院两制"①，落实交钥匙工程。对多重原因致贫的失能特困搬迁户，通过脱贫政策叠加，帮助他们尽早摆脱贫困，

---

① "一院两制"，就是公办养老机构将供养老人与代养老人分区入住，将代养老人入住区域实行对外租赁经营，租赁区域的人事、收费等按企业化、市场化方式运作，通过实行"一院两制"，破解公办养老机构在职责权利、人员配置、经费拨付、收入分配等方面存在的体制机制性障碍。具体可参见《公办养老机构"一院两制"改革探析》，2015年10月20日，养老信息网，http://www.yanglaocn.com/shtml/20151020/144534330059523.html。

有效阻断贫困的代际传递。

3. "五小社区"强化精细管理

镇安县针对许多有搬迁意愿的群众所反映的问题：搬迁到新安置小区，我们吃菜怎么办？粮食和农具往哪里放？办红白喜事有没有场所？百年之后人往哪葬？平时购物不方便怎么办？镇安县通过不断商讨，在全县探索建设五小社区，即配套小菜园子、小生活用房、小型红白理事会、小爱心超市、小型公益型公墓，把服务的触角延伸到群众生活的每个角落。还在各社区成立老年协会、社区小戏班，经常性开展文化娱乐活动，帮助搬迁群众融合融入，不断提升归属感和幸福感。

牢牢抓住宜居宜业"双示范"社区的创建工作，把坚持标准作为创建前提，把保障进度作为创建基础，把产业就业作为创建重点，把社区管理作为创建关键，把协作配合作为创建根本，着力解决好"产业怎么配？资金怎么筹？客商从哪里来？"等问题，镇安县不断完善创建方案，明确时间界限，细化部门分工，夯实各级责任，做到上下衔接、统筹协调、有序推进。在精细管理方面，高标准建立"一户一档、一点一册、一镇一册、一县一册"，做到搬迁安置情况县、镇、点、户台账式管理，人、户、钱、房、业信息精准统一。持续开展文明社区和平安社区创建，送精神文明进小区，送法律进社区。截至2019年12月，镇安县有2个社区达到省级文明社区，6个小区被授予市级文明小区，全县开展宜居宜业"双示范"社区创建的安置社区达30个。云镇花园、高锋镇和平佳园、青铜关镇丰收村移民小区等6个社区，在深化"三精"工作，创建"双示范"社区方面的工作经验，作为典范在全省受到广泛好评。

（三）安康"社区工厂"实现搬迁户脱贫

2014年以来，为切实帮助移民搬迁群众和贫困群众实现就地就近就业，陕西省安康市抓住东南沿海地区劳动密集型产业向中西部转移的机遇，大力发展社区工厂，让群众"楼上居住、楼下上班"，并通过积极探索、大胆创新，不断延长产业链条、打造产业体系、搭建服务平台、提供全方位保障，带动社区工厂稳步提质升级、持续发展。

1. 从租几间房子到标准化工厂

社区工厂"诞生"之初，大多设在移民社区，在楼下租几间房子，打工的群众也基本上是小区里的搬迁户和贫困户以及附近村子的群众，这样既能照顾老人、孩子，又能打工挣钱，在家门口就可以稳定增收，确实是一件好事。但随着社区工厂规模的越来越大，现有的厂房条件、配套设施和粗放式管理，特别是"社区工厂扰民"的先天短板等，严重制约着社区工厂的进一步发展，标准化建设、标准化生产、标准化管理，已成为社区工厂提质增效、可持续发展的必然选择。2018年，安康市出台《安康新社区工厂地方标准》，明确易地搬迁社区都要配备一个社区工厂，规模在300户以上的都要建标准化厂房，规模在100户以上的要建加工车间，而且生产区和住宅区要有效隔离，并对厂房条件、经营主体、生产环境、操作规程、管理制度以及认定与退出等提出了明确的要求。截至2019年年底，安康市建成新社区工厂587家，吸纳就业2.1万人，其中贫困劳动力7000余人；"新社区工厂贷"已累计投放86户7694万元，覆盖154个安置社区156家新社区工厂，实现100户以上移民安置社区"新社区工厂"和有贷款需求且符合贷款条件的"新社区工厂贷"两个全覆盖。

2. 从毛绒玩具到多业并举

安康的社区工厂起于白河，成形于平利，现在已扩展到全市各县区，最开始主要是生产毛绒玩具。毛绒玩具属于劳动密集型产业，前些年，主要集中在东部发达地区，以扬州最为有名，产品主要是出口欧美。但随着劳动力的减少和生产成本的提高，一些企业开始谋划将产业向西部地区转移，而处于深度贫困地区的安康最大的优势就是劳动力资源丰富，特别是移民搬迁社区有大量的富余女性劳动力，同时，毛绒玩具生产几乎没有污染，也非常符合安康市产业发展的定位与需求。2014年，第一家毛绒玩具厂落户白河，之后的一两年里，毛绒玩具如雨后春笋般在安康各县区蓬勃发展，截至2018年年底，全市已建成投产毛绒玩具社区工厂165家。

安康作为国家限制开发的重点生态功能区和南水北调中线工程的水源涵养区，发展以毛绒玩具为代表的生态友好型产业，是打造自身产业体系的最佳选择。因此，从2018年开始，安康市又把承接产业转移的目光投向了更广阔的领域，除了毛绒玩具，他们又陆续引进了电子元器件、服装加工、特色农产品加工、民间手工艺制作以及文创等诸多无污染、低能耗、低噪音产业，并将这五大类产业作为新社区工厂发展的重点。如今，安康全市的社区工厂已呈现出多元布局、多点开花的局面，为构筑具有安康特色的工业体系打下了良好基础。

3. 从加工车间到全产业链发展

原来的社区工厂大多是"两头在外"，即产品的创意设计、原料来源在外，销售、物流在外，社区工厂只是个生产加工车间，劳动产出的增值空间非常有限，打工群众的收入也不算高，月均收入在2700元左右。随着社区工厂的不断壮大，产业的提质增效问题日益凸显，为此，安康市及时调整招商思路，将"招企业"转变为"招产业"，以引进毛绒玩具为突破口，注重产业链配置，实施全产业链招商，实现升级换代。如今，毛绒玩具已由单纯的生产加工车间向全产业链迈进，逐步实现了创意设计、原料加工、生产销售"一条龙"服务。"爱多宝"毛绒玩具是紫阳县引进的第一家社区工厂，笔者调研时看到，这里已建立了较完善的产业链条，有产品创意设计、原辅材料生产、产品加工、包装整理、仓储以及多渠道销售，2019年9月爱多宝总部也已落户紫阳。在恒口镇调研时，笔者了解到，他们以示范区为核心，成立了毛绒玩具创意设计、原辅料批发、产品展销、物流分拨、电商运营等"五大中心"，同时加快PP棉、面料等重要原材料基地建设，邀请顺丰、京东、上港、宁港等多家物流和港口企业来安康开通毛绒玩具物流专线，他们还与上港集团达成建设"安康无水港协议"，建成后产品集装箱将直接从恒口无水港报关、出口，物流成本大幅降低。不光是毛绒玩具，其他像电子产品、中草药、特色农产品等，也都在向全产业链发展。

4. 从社区居民到产业工人

社区工厂的创办为贫困群众和搬迁群众提供了稳定可靠的收入来源，解决了搬迁后留得住、能致富的问题。但随着社区工厂的大面积扩张，用工量的大幅增加，一些县区开始出现了招工难的现象，同时由于社区工厂员工大多是移民搬迁群众和贫困劳动力，文化程度低、接受能力弱、劳动习惯差、出勤不稳定，给社区工厂的管理带来了很大的难度。为确保社区工厂的持续稳定发展，切实解决好企业招工难、用工难的问题，各县区"八仙过海"——各显其能，采取入户宣传、发放务工补贴等方式，鼓励更多的社区居民到社区工厂就业；采取设立技术岗位、提高工资标准等方式，吸引更多在外务工、有一定技术技能的青壮年返乡务工；结合"创业+产业"培训模式，支持安康学院、安康职业技术学院和相关就业培训机构，开展定向、定岗和订单式培训，为社区工厂培养更多的本土化、专业性人才和操作能手；结合"诚孝俭勤和"新民风建设，把职业道德、劳动纪律等内容融入其中，努力把习惯于"日出而作、日落而息"的普通农民培养成有技能、守纪律的产业工人，为安康的产业发展提供了坚实的人力和人才支撑。

5. 从促就业稳收入到全方位保障

社区工厂在运行过程中，也暴露出一些问题。在社区工厂打工的员工以已婚妇女居多，年龄大多三四十岁，既要打工挣钱又要照顾老小，导致上班时间无法保证、员工流动频繁，从而影响了产品质量和工厂的正常运转。比如，工厂的下班时间一般是下午6点，比学生放学时间晚2个小时，孩子放学没人管，特别是遇到寒暑假，大部分职工选择请假或者辞职回家照顾孩子；很多女职工丈夫常年在外打工，夫妻二人交流机会少，加上家务繁忙，又要上班，还要照顾老人孩子，压力很大，带来一系列的家庭矛盾等。为此，成立了"儿童托管中心"。在汉阴调研时笔者了解到，全县44家社区工厂，其中有24家都配套建设了妇女儿童"温暖之家"，每个厂县都安排了2个公益性岗位，专门帮助职工照料孩子、辅导作业，解决了职工孩子放学、周末、假期的托管问题，保证职工安心上班。

"工厂+家庭车间"。在涧池镇仁河村藤编社区工厂，笔者发现，这家工厂虽然面积不大、规模也不大，但年销售额能达到500多万元，带动了仁河村及周边8个村200余户村民发展藤编产业。社区工厂根据生产需要，对村里和周边的群众进行专项技能培训，培训的相关费用由政府埋单，培训结束技术合格者，在厂里领取原材料带回家编织，厂里统一回购。这种模式的好处在于，工厂无须扩建厂房就能扩大生产，群众在自己家里就能挣钱，家务事也不耽搁。工青妇齐上阵。在调研时笔者看到，许多社区工厂都设有工会、青年团和妇联组织，配套建设了专门的女职工培训、维权等活动场地，为他们提供心理咨询、维护权益和技能培训服务等。丰富企业文化。组织开展"优秀员工""最美女工"评选等活动，让职工在社区工厂找到归属感和荣誉感，进一步提升凝聚力，确保他们安心工作、稳定就业。

为确保社区工厂持续稳定发展，安康市2018年以来打出了政策优惠的"组合拳"。协调建设银行安康分行创新推出零担保、零抵押、纯信用的"新社区工厂贷"，为新社区工厂提供单户最高200万元的纯信用贷款；为新社区工厂免费建设标准化厂房、免费装修、3年免租金、免水电费；对新社区工厂吸纳贫困劳动力就业的，给予每人1000元的一次性岗位补贴；筹措资金，建立资金池，及时为企业提供资金支持，大大缓解了企业因退税周期长而带来的资金压力等。

6. 社区工厂带来的思考

安康市以社区工厂为突破口，着力打造具有安康特色的产业体系，在下一盘产业转型升级的"大棋"，而靠什么赢下这盘棋？他们的做法值得深入思考。

（1）要靠抢抓机遇主动作为。安康属于秦巴集中连片特困地区，是全国脱贫攻坚主战场核心区、国家移民搬迁重点区，可以说脱贫任务重、发展压力大。为了实现"挪穷窝、改穷业、断穷根"，他们"逢山开路、遇水架桥"，创新发展思路，以发展特色产业为抓手，积极承接东西部产业转移，主动融入汉江经济带，紧紧抓住苏陕协作扶贫等政策机遇，强化政策支撑，破解发展难题，取得了群众增收、企业发展、产业壮大的"多赢"效果，为陕西省抢抓发展机遇，调结构、促转型、稳增长提供了样本。

（2）要靠转变作风真抓实干。成功只会眷顾坚定者、奋进者、搏击者，谋事创业不是仅停留在嘴上、纸上、规划上，更重要的是要靠真干实干苦干。笔者在调研中，能够真切地感受到安康人身上的那股子实干劲。为了发展产业，他们辗转奔波于全国各地招商引资，拿出"真金白银"，鼓励企业来安康投资；为了确保产业的持续稳定发展，他们想实策、出实招，一对一、点对点地解决企业发展中遇到的困难和问题；为了抢抓机遇、加快发展，他们苦抓、苦帮、苦干，在全省经济下行压力持续加大的情况下，实现了安康经济的逆势上扬，连续4年GDP增速位列全省第一。

（3）要靠因地制宜绿色发展。安康地处南水北调水源地保护核心区，在推动发展上，他们既没有"重操旧业"，也没有"守株待兔"，而是紧紧抓住东南沿海地区经济转型升级、大量劳动密集型加工企业向中西部转移的有利时机，立足本地资源禀赋和产业基础，按照绿色循环发展思路，高标准、全链条引进无污染、低耗能产业，实现了产业的集约化发展、清洁化生产，有效解决了转移产业的节能减排、生态保护、污染治理等问题，防止了污染"自东向西"的转移，做到了"既迎来金山银山，还保持绿水青山"。

（4）要靠优化环境提升服务。好的营商环境就是生产力、竞争力。安康人明白，营商环境好不好，企业家最有发言权。近年来，他们想企业之所想、急企业之所急，及时跟进，企业需要什么样的服务就提供什么样的服务；配套相关产业，帮助企业延伸产业链条，提升自身竞争力；简化审批手续、提供"一站式"服务、提倡网上办公，打通服务企业的"最后一公里"。他们的做法表明，要提升营商环境，必须彻底扭转观念，真正实现由"管理"向"服务+监管"转变，努力成为既能"锦上添花"，更能"雪中送炭"的"金牌店小二"。

（四）南郑振兴传统产业与贫困户居家灵活就业

2016年以来，陕西省汉中市南郑区发挥传统产业带动贫困群众就近就业、居家就业的独特优势，突出保护开发，深挖资源禀赋，大力振兴传统产业，让更多群众在家门口灵活就业实现稳定增收，探索出了"让百姓靠手艺挣钱，用传统产业推动精准脱贫"的新路子，助推脱贫攻坚走上"快车道"。

1. 传承创新，激发传统产业活力

南郑是汉文化的重要发祥地，地名延续至今已有2400多年历史。南郑区坚持在积极传承中，赋予"旧邦新命"，使传统产业展现出了新的时代风采。一是以保护促开发。坚持把抢抓生态原产地和地理标志产品申报，作为更好保护和发展的关键，以"全面普查、摸清家底、健全机构、规范管理、整体保护"为目标，以"全面性、代表性、真实性"为原则，狠抓资源普查收集、汇总整理等环节，手工制茶、民间刺绣、汉调桄桄、协税社火、春倌说春、木版图画等十多个类别、三十多个具有浓郁地方特色的非物质文化遗产脱颖而出，特别以棕编、藤编为代表的传统产业，先后被列入陕西省第三批、第五批非物质文化遗产保护名录，并以此衍生出了竹编、扇编、草编、手工艺品等"六编"技艺。二是赋予现代元素。坚持理念创新，始终以传统产业为内核，紧紧围绕"因用而生、因市而兴、因势而变"的发展规律，既充分尊重地域文化和传承精湛工艺，又以全新视角，与当代生活元素相融合，力促传统产业创新创意、出新出彩。2019年6月，从事"六编"和面皮产业人员已达3.35万人，仅此两项直接实现年人均增收6.5万元以上。三是创新经营模式。突出龙头引领、市场运作，打出"示范基地带动就业、社区工厂就地就业、返乡能人自主创业"等组合拳，不断扩大传统产业从业队伍和提高工艺水平，传统产业实现了效益和规模"双提升"。创新营销模式，依托"区镇村"三级电商平台，积极推广"互联网+传统产业+合作社+基地+扶贫"模式，全区手工制茶、土陶工艺、民间刺绣、编织类产品均实现了网上直销。棕编、藤编等远销海外，年创收入600多万元；面皮产业经营范围覆盖全国29个省份，年销售额达12

亿元以上。

2. 扬长补短，推进传统产业精深加工

南郑区坚持把振兴传统产业与精准扶贫、精准脱贫相结合，集中资源要素，"扬"传统产业居家创业就业之长，"补"零散、弱小之短，真正使传统产业成为稳定脱贫的"金钥匙"。一是建社区工厂。南郑区坚持整合资源、搭建平台，将"政府资金奖励、传承人带徒传艺、生产性集中培训"等传统工艺传承工作与精准扶贫紧密结合，鼓励村干部或工艺能人、大户等成立专业合作社，在传统工艺资源集中区、社区、移民安置点等，建成藤编、棕编等五大生产性传习基地。整合财政扶贫产业发展资金，鼓励工艺能人返乡创业，支持贫困群众入股产业合作社、集体组织，持续提升传统工艺产业规模和组织化水平。截至2019年5月，全区建立各类传统产业扶贫工厂（基地）47个，面皮协会、蜂协会、茶业协会、农家乐协会、棕编协会5个协会，10个产业扶贫合作示范社，全区已有241个新型经营主体，带动贫困户16261户42219人在产业链上受益，年人均增收2000元以上。二是培养龙头企业。南郑区坚持以体制机制创新和改善营商环境为突破口，强化品牌理念，盘活"存量"，鼓励"家庭作坊"通过合并重组、技术嫁接等方式转型升级，加快向劳动密集型小微企业、龙头企业跃升；扩大"增量"，依托传统产业资源优势，积极招商引资引智，发展传统产业加工龙头企业，南郑良顺藤编公司、锦绣藤编手工艺品、风徐来扇编等一大批传统工艺加工企业快速发展，有力促进了传统工艺产品由初级加工向精深加工提升、由传统加工工艺向采用先进适用技术和高新技术转变。发挥龙头引领作用，以居家生产、企业回购"订单式"生产方式，建立"企业+基地+农户"产销一体化经营模式，形成"小农户"对接"大市场"的利益联结机制。截至2019年5月，全区已发展各类传统产业加工企业

32家，年产值5000多万元，吸纳近1.5万名群众就近就业，其中贫困群众2600多名，年人均增收3200多元。三是强技术支撑。南郑区坚持以壮大传统产业骨干人才队伍为抓手，列出财政专项资金，为90名非遗代表性传承人和传统工艺能人、巧匠，每人每年补助2000元传习经费，鼓励以师带徒，开展"一对一"传承，牢牢掌握了传统核心工艺。加强工艺联盟和技术攻关，充分利用"互联网+"，吸纳中介机构，加强设计、加工、营销一体化建设，并依托高校、创意团队等智力资源和技术力量，搭建各类传统工艺"产学研"平台（基地）18个，不断为传统工艺注入现代工艺、现代艺术，有力提高了居家创业就业增收附加值。坚持"授鱼"与"授渔"、"扶智"与"扶志"并重，紧密结合市场需求和群众意愿，通过传帮带和建立创意基地、创业基地，居家上门送技术、送服务，同时依托区职业技术学校教育资源优势，发挥社会培训机构作用，加大传统工艺培训力度，搭建居家灵活创业就业"连心桥"，努力让贫困群众一技在手、致富不愁。2018年，累计举办各类传统工艺培训6次，受训群众282名，新增139名贫困群众依靠传统手工产业稳定增收。

3. 顺势而为，做强传统工艺产业体系

产业化是实现传统工艺与时代共鸣，永续健康发展的必由之路。南郑区因地制宜抓示范，不遗余力强推介，久久为功抓融合，着力构建质态好、活力强、结构优的传统工艺产业体系。一是打造一批示范镇村。坚持以"固态保护、活态传承、业态提升"为原则，突出"一镇一业、一村一品"，统筹规划、科学布局，精心编制特色传统工艺示范镇村发展规划，重点围绕传统工艺文化内涵、技术手法、工匠分布等不同，发展差异性工艺产品，打造更具地域特色的工艺品牌，黄官藤编、濂水草编、福成竹编、汉山棕编、两河扇编等各美其美，开发出二龙戏珠、

龙凤呈祥、五彩麒麟、仙女散花等100多种工艺，提高了全区传统工艺产业的市场竞争力和经济附加值。二是办好一个特色会节。南郑区坚持多角度、全方位开展宣传推介，积极对外交流，不断提高和扩大南郑传统工艺知名度、美誉度。2018年以来，先后举办了"五编"（藤编、棕编、扇编、竹编、手工艺品编制）大赛、首届"公主杯·中国汉中面皮大赛"、"面皮之乡征文大赛"、搜寻"面皮西施"等活动。2018年11月，南郑区面皮协会应邀参加西安首届凉皮美食节，3天营收6万多元。2019年"中国汉中面皮大赛"将升格为由汉中市政府主办，该区也将每年4月的第一周确定为"中国南郑汉中面皮特色小吃文化节"。三是发展一批融合产业。南郑区坚持做好"传统产业+"大文章，着眼发展全域旅游，进一步注重发掘传统工艺文化内涵，利用旅游景点、农家乐等线下场所，依托社会力量建立了"南郑传统工艺体验中心"，在土陶生产厂家、传统榨油房、藤编及棕编生产作坊开设了各类体验馆，把传习活动和文化体验有机结合，打造了一批优秀传统文化民俗旅游。坚持以"旅"促"产"，将物质文化与非物质文化有机结合，在民俗文化、民间工艺体验旅游的开发中，进一步推动传统工艺提高品质、形成品牌。支持传统工艺传习所、企业厂房、手工作坊等跨行业创新创业，积极探索传统产业+电商、传统产业+展会、传统产业+景区、传统产业+消费季等模式，培育新业态，传统产业已初步形成立体式、多元化发展新格局，有力推动传统工艺保护与开发、灵活居家创业就业、稳定增收脱贫"三者"良性互动、稳健致远。

四 志智双扶：让脱贫具有可持续内生动力

2015年11月27日，习近平总书记在中央扶贫开发工作会议上的讲话指出，"扶贫既要富口袋，也要富脑袋。要坚持以促进人的全面发展的理念指导扶贫开发，丰富贫困地区文化活动，加强贫困地区社会建设，提升贫困群众教育、文化、健康水平和综合素质，振奋贫困地区和贫困群众精神风貌"。[①] 脱贫致富终究要靠贫困人口自己的辛勤劳动来实现。秦巴山区在打赢脱贫攻坚战的进程中，坚持扶贫与扶志、扶智相结合，加强贫困地区"精神脱贫"和移风易俗工作。通过坚持群众主体地位，激发内生动力，营造出了脱贫致富的良好氛围，充分调动贫困地区和贫困人口的积极性，有效阻断了贫困的代际传递，使贫困地区和贫困群众的脱贫具有可持续的内生动力。

（一）石泉县有效激发贫困群众脱贫的内生动力

作为国家秦巴山区连片扶贫开发重点县，陕西省安康市石泉县"十三五"共识别建档立卡贫困村74个、贫困人口10027

[①] 中共中央党史和文献研究院编：《十八大以来重要文献选编》（下），中央文献出版社2018年版，第50页。

户24290人，贫困程度较深。除交通不便、信息闭塞，基础设施薄弱等因素外，贫困主体消极懈怠、存在"等、靠、要"思想是造成贫困的重要原因。扎实开展扶贫扶志工作，形成积极向上、与脱贫致富相适应的精神风貌，对于打赢精准脱贫攻坚战至关重要。石泉县坚持群众主体地位，通过挖掘关键群体引导作用、加强贫困人口培训就业，搭建扶贫扶志工作框架、完善村域与县域扶志体系建设，做到了"扶贫先扶志"，成功激发贫困群体内生动力。

1. 扶贫扶志与新民风建设的"石泉做法"

习近平总书记指出"要做好对贫困地区干部群众的宣传、教育、培训、组织工作，让他们的心热起来，行动起来，引导他们树立'宁愿苦干、不愿苦熬'的观念，自力更生、艰苦奋斗，靠辛勤劳动改变贫困落后面貌"。[①]

（1）形成扶贫扶志体系架构。为实现扶贫扶志乃至县域精神文明的整体提升，石泉县委在深入总结农村精神文明建设"四个三"工程和村（社区）"六个一"工作经验的基础上，于2017年8月印发《石泉县深化新民风建设工作方案》，提出坚持系统谋划、问题导向、精准施策、务实长效的原则，在"扶志"上下功夫，以"育、治、带、导"为方针，大力实施新民风建设"六进六治六立"工程。通过以"育"为重点，以"治"为关键，以"带"为根本，以"导"为目标，推进社会主义核心价值观"六进"，抓好突出问题"六治"，着力实现"六立"目标，明确扶贫扶志的工作方向，搭建起扶贫扶志的工作体系，为着力形成贫困群众积极参与脱贫攻坚工作的良好氛围，着力实现贫困地区生产劳动与精神面貌全面提升打下坚实

---

① 中共中央党史和文献研究院编：《十八大以来重要文献选编》（下），中央文献出版社2018年版，第49页。

基础。

（2）挖掘关键群体引导作用。加强典型示范引领，总结推广脱贫典型，用身边人、身边事示范带动，营造勤劳致富、光荣脱贫氛围。石泉县把握党员、能人、先进模范等关键群体在扶贫扶志中的重要意义，通过挖掘、培养、宣传，成功使其充分发挥引领作用。第一，党建引领，发挥党员先锋表率作用。着力加强党支部建设与党员的学习培养工作。扎实开展党支部集体学习，对党员干部严格要求，通过禁止党员干部举办生日宴，党员干部带头签订节约办理红白喜事承诺书等措施，使他们在扶贫扶志中的模范带头作用得到更好发挥。第二，能人兴村，推动各类能人焕发活力。石泉县2017年起实施"能人兴村"战略，通过挖掘能人在知识、技术、资金等方面的优势，使其带领贫困群体改善风貌，提升能力，进而激发贫困村、贫困户的内生动力。提出"双百双千"目标，计划挖掘培养一百名党政精英、一百名优秀村干部，一千名技术人才、一千名乡贤能人。杨卫东、尤自勇、李金斗等一大批能人返乡创业，一大批本土能人也被挖掘并培养，他们或开展农业规模经营，或投身农村治理。目前已有153名能人进入"村五委"，22名能人成为村主任、村支书，能人在扶贫扶志、新民风建设乃至脱贫攻坚和农村发展中的引领带动作用得到更有效发挥。第三，奖优树模，形成石泉独特"好人品牌"。坚持正面引领，典型示范，通过选树先进典型，引领社会风尚。石泉县定期举办"石泉十佳"评选活动，对道德模范、致富能手等先进典型大力表彰，选树了残奥冠军夏江波、成娇等110名各类先进典型，12人先后入选中国好人、陕西好人和市级道德模范。评选表彰诚信村民300人，脱贫攻坚先进集体75个、先进个人99人、勤劳致富示范户32户。组建"脱贫攻坚扶志扶智宣讲团"，让优秀扶贫干部与脱贫致富典型，深入贫困农村，面对面、多角度、多形式开展宣讲，使全县形成学习先进、争当先进的浓厚氛围。

（3）推动贫困人口培训就业。习近平总书记指出"要加强贫困人口职业技能培训，授之以渔，使他们都能掌握一项就业本领"。石泉县着力加强教育引导与技能培训，提高贫困人口致富本领。通过四大机制抓培训、四大渠道促就业，成功用生产劳动实践唤醒贫困群众的脱贫斗志。第一，四大机制抓培训，增强贫困群体"有所作为"的信心和底气。其一，统分结合抓培训。建立由县人社部门统筹抓总、县职教中心负责未升学初高中毕业生的职业教育、各职业培训机构负责短期就业技能培训、县农林科技局负责农村实用技术培训、县供销联社负责电子商务培训、镇村组织人员的"分工负责、长短结合、分层分类"技能培训工作机制。其二，按需定制抓培训。根据市场需求，采取送技能上门服务、在镇村设立培训点等办法就近就地开展技能培训。其三，订单定向抓培训。通过政府搭台、精准对接，建立校企合作、企企合作关系，大力开展订单、定向式培训，培训合格直接安置到企业就业，确保培训就业率达80%、培训创业成功率达70%以上。其四，依托产业抓培训。扎实开展特色农村实用技术培训、企业岗前培训、旅游服务业技能培训和电商培训，激活技能培训"乘法效应"，实现"产业发展、企业增效、贫困户就业增收"良性互动。第二，四大渠道促就业，促进贫困群体摆脱贫困的志气与实践。其一，建强基地促就业。创建创业孵化基地3个，就业扶贫基地11个，社区工厂4个，入驻创业实体600余家，提供就业岗位3000余个，着力打造"基地+创业户+就业"、"社区工厂+就业"和"转移就业基地+就业"等就业创业扶贫模式，获评国家支持农民工等返乡创业试点县。其二，发展产业促就业。全力支持工业企业和现代农业发展，着力打造"工业园区+就业""公司（合作社）+农户"就业扶贫模式，提供就地就近就业岗位2000余个。其三，全域旅游促就业。全方位支持新型文化旅游、生态旅游和休闲旅游产业以及三产服务业的快速发展；成功打造

"鬼谷子文化小镇、池河金蚕小镇和中坝作坊小镇"等"社区变景区，商铺变市场"的就业脱贫模式。其四，公益岗位促就业。开发适合贫困人口村内"居家就业"的公益性岗位1500个、县内"稳定用工"公益专岗1000个，解决"走不出、走不远"和超劳动年龄的贫困人口就业增收难题。

（4）村域扶志体系的全面建构。石泉县以村落为抓手，强调基层扶贫扶志的村域整体推进，通过村规民约、家风家训、"四会"组织、文化场所与文艺队伍、爱心超市等举措建立村域扶贫扶志体系，实现精神风貌整体提升。第一，以村规民约为指导。指导全县161个村（社区）修订和完善村规民约（社区公约），凸显"诚孝俭勤和"的思想，把红白事操办标准、积极劳作、敬老孝亲、诚信守法等内容及相关惩戒措施具体系统地写入其中，共增加必须明确的条目485条，删减不符合要求的条目599条，使村规民约条目简单醒目，务实管用，格式规范，操作性强，成为村民群体所共同认同并遵守的行为规范准则。第二，以家风家训为引领。开展"寻找最美家庭""挖掘好家风好家训""新民风星级家庭"等活动，各村（社区）发动群众深入开展好家风家训评选挖掘，先后挖掘并引导修缮了胡氏、冯氏、陈氏、甘氏优秀家规家训120条。并对已整理成型的优秀家风家训开展进村组、进社区、进家族、上墙面活动。"忠孝礼义、勤俭持家、长幼有序、修身利己"等优秀家规家训已得到普及。在此基础上，进一步以家庭文化建设为抓手，开展"立家规、传家训、正家风、弘家德"活动，引导群众更加注重家庭教育，培育百姓好家风，用优良家规家教家风正德树人。第三，以"四会"组织为主体。石泉县扎实开展村级道德评议会、红白理事会、村民议事会、禁毒禁赌会的建设，并利用村"两委"换届的机会，对158个村（社区）的"四会"组织进行了进一步完善，新吸纳近2000名乡贤能人进入"四会"组织，使其成为村域扶贫扶志乃至新民风建设的主体阵地。特别是道德评议会对扶贫扶志起到突出作用。全县161个村（社区）都成立由乡贤能人、退休干部、党员干部代表等群众推选产生的道德评议委员会，制定道德评议规则，定期进行评议。2018年以来，累计开展宣传教育430场次、开展道德评议684场次，设立村级红黑榜161个、张榜公布400余次，评出正面典型610人，负面典型265人，累计使600余人主动拿回贫困户申请。第四，以文化场所与文艺队伍为平台。针对农村群众文化生活匮乏、精神空虚、赌博酗酒、意志消沉等问题，石泉县坚持以文化人，着力提升贫困群众道德修养和文明素质。按照有场所、有人员、有制度、有设备、有经费的"五有"标准，石泉县的建制村和社区均建起文化活动广场和农家书屋，并定期开展道德讲堂活动。组建文艺社团45个，坚持常态化开展各类文化活动，丰富群众文化生活。以一个道德讲堂、一个农家书屋、一支文艺队伍、一个文化活动广场为主体的"四个一"村域文化宣传平台已基本成型。第五，以爱心超市为激励。为进一步实现对村域内扶贫扶志中表现优秀的村民的激励，石泉县还在全部建档立卡贫困村以及部分非贫困村建立起75家爱心超市。每月根据贫困户在脱贫攻坚、精神文明、环境卫生等11项考察中的表现进行评分，村民按积分换领"爱心超市"物品。截至2019年3月，全县已有2000余名贫困群众领取物品，促进民风持续向好向善。

2. 石泉县扶贫扶志与新民风建设的主要成效

（1）实现七个覆盖，扶贫扶志扎实开展。扶贫扶志与新民风建设过程中，石泉县在村（社区）实现了七个全覆盖，即：道德评议全覆盖、"一约四会"全覆盖、家风家训全覆盖、文明创建全覆盖、移风易俗全覆盖、文化活动全覆盖、依法治理全覆盖，实现了扶贫扶志的全域、全面、深度、长效开展。

（2）扭转社会风气，凝心聚力脱贫致富。石泉的社会风气明显改善，狠狠刹住了铺张浪费风、低俗恶搞风、打牌赌博风与盲目攀比风。与 2017 年相比，全县群众办酒席数量下降了 60%，收礼金减少了 80%，群众的人情支出下降了 90%。贫困群体主动投入更多的财力和精力干事创业、发家致富，"缠闹访"等现象也得到显著遏制，勤俭节约的风尚逐渐成为主流，形成了强大精神动力。

（3）提升道德素养，文明举止蔚然成风。通过深入持久的文明创建、文化熏陶，涌现出各类先进典型近 1000 人。在典型的感召引领下，向善向美已成为群众的自觉行动，群众的道德观念、公德意识明显增强，社会文明素质、道德素养有了整体提升。村民之间矛盾纠纷少了，和睦的气氛浓了；抓脱贫促生产奔小康的人多了，无所事事、"等靠要"的人少了。文明举止蔚然成风，文明秩序明显好转，县域文明水平整体提升。

（4）提高治理水平，发展环境全面优化。县域社会治理水平全面提升，干部为民办事效率和服务质量明显提高，政务环境与营商环境显著优化，法治、德治、自治"三治融合"的治理体系基本形成。有效的社会治理推动了发展环境的全面优化。近年石泉县全县未发生重大刑事案件和恶性社会治安案件，"两率两度"位居全市前列，公众满意度更荣获全市第一。同时石泉连续六年荣获全市综合目标责任考评"优秀"等次。

（5）激发内生动力，脱贫攻坚成效显著。扶贫扶志的扎实开展，为全县营造了良好的脱贫攻坚氛围，充分激发贫困户内生动力，让贫困群众树立摆脱贫困的信心、鼓足摆脱贫困的志气，从"要我脱贫"变"我要脱贫"，用自己勤劳的双手主动摘掉贫困的"帽子"。2016—2018 年全县已脱贫退出 14 个贫困村、4114 户 13360 人，连续两年获得全省"扶贫绩效考核优秀县"。2020 年 2 月，石泉县实现脱贫摘帽。

3. 扶贫扶志与新民风建设的石泉经验

石泉县在开展扶贫扶志工作中，坚持系统推进、做到立足长远、抓住关键群体、依靠群众力量，有效激发群众内生动力，实现县域经济社会全面发展。

（1）深远谋划、各方联动，激发群众内生动力要坚持系统推进。在扶贫扶志工作中，要进行深远谋划，确定工作目标与框架，明确奋斗方向。要切实发挥各级党组织的主导作用，有效地凝聚人心，为扶志扶智提供强大政治保障。同时要有效调动社会各方的积极性与能动性，形成宣传部门牵头抓总、相关单位履职尽职、社会组织踊跃参与的多方力量有机结合、联动协作的推进格局。

（2）搭建体系、形成机制，激发群众内生动力要做到立足长远。扶贫扶志与新民风建设中，石泉县构建了完整的扶贫扶志村域体系，形成了县域内整体的良好环境氛围，建立了完善的工作机制。只有搭建起成熟的工作体系和完善的工作机制，才能有效实现扶贫扶志成果得以巩固，实现民风民德的长久形塑。

（3）挖掘先进、奖优树模，激发群众内生动力要抓住关键群体。关键群体的模范引领作用对于激发内生动力至关重要，要重视把握关键群体，积极挖掘、培养先进模范人物，并为先进模范人物搭建起进一步发挥作用的宣传平台与实践平台，让关键群体能带动贫困群众在精神上站起来，奋发有为，摆脱贫困。

（4）群众主体、全民参与，激发群众内生动力更要依靠群众力量。扶贫扶志工作必须以群众为主体，群众参与和支持是扶贫扶志的根本力量源泉。坚持充分征求意见，广泛宣传动员，并通过"一约四会"等有效形式，将群众的力量与智慧激发出来。群众监督群众、群众教育群众、群众帮扶群众，才能使扶志扶智工作落到实处，真正实现群众自我管理、自我教育、自我服务、自我约束。

（二）丹凤县建设爱心超市激发贫困村庄凝聚力

扶贫先扶志。"脱贫致富贵在立志，只要有志气、有信心，就没有迈不过去的坎。"[1] 在脱贫攻坚的过程中，部分贫困户一直存在"等帮扶、靠政府、要拨款"的依赖心理，而且贫困户和非贫困户的政策待遇相差悬殊，一定程度上激化了贫困户和非贫困户之间的矛盾，影响扶贫开发成效。脱贫攻坚战打响以来，大量贫困村设立了"脱贫攻坚爱心超市"，将社会各界、企业捐赠，政府配套的一些生活用品放入超市形成"商品"，对积极生产、积极参加村庄公共服务、敬老孝亲等积极表现的贫困户给予积分，并以积分兑换相应"商品"，从而促使困难群众崇尚劳动、树立自立自强思想，推进乡风文明建设。丹凤县利用多方捐赠资金，村村修建爱心超市。设立爱心积分制，村民可凭爱心积分兑换生活物资，并且爱心积分与主动参与村庄事务、道德评议红黑榜挂钩，物质奖励与精神激励配套，极大地激发了贫困群众脱贫致富的内生动力，缓和了贫困户与非贫困户之间的矛盾，营造了村庄文明友善团结和睦的良好氛围，为摆脱贫困，实现全民小康凝聚力量。

1. 主要做法

2017年以来，丹凤县为激发贫困户脱贫的斗志，动员多方筹措资金，积极建设爱心超市，认真实施爱心积分兑换制，制定了详细严格的规章制度，大力推进脱贫攻坚进程。

（1）动员多方共同参与，齐心援建爱心超市。丹凤县在政

---

[1] 中共中央党史和文献研究院编：《习近平扶贫论述摘编》，中央文献出版社2018年版，第132页。

府出资修建爱心超市的同时，广泛动员各定点帮扶单位、爱心人士、爱心企业和社会组织，通过多种渠道，积极筹措资金，共同修建爱心超市。各帮扶单位、社会各界爱心人士和爱心企业等在政府的大力号召下、在各党员干部的带头示范作用下，踊跃捐款捐物，截至2018年2月，在丹凤县全县共计建成村脱贫攻坚爱心超市155个。[①] 为方便群众生活、便于管理，爱心超市一般建于村庄（社区）的中心位置，在建成之后，由各村委会负责规范管理，丹凤县委定期派人对各村爱心超市的运营管理情况进行监督检查，确保爱心超市规范运营。在建成爱心超市后，为提高贫困人群的生活质量，确保所有的爱心超市货源充足、种类齐全、正常运转，不断扩大爱心超市在扶志扶智活动中的受益面，进一步提高爱心超市对脱贫攻坚的激励助推作用，丹凤县政府积极倡导县内外爱心企业、社会组织、公益机构、各级商（协）会、个体工商户和各界爱心人士，奉献爱心，捐款捐物。

（2）服务村庄换取积分，爱心积分兑换物资。规范爱心超市物资购买、发放方式，实施爱心积分兑换制。村庄（社区）每人每月固定领取一定额度的爱心积分，也可以在脱贫攻坚、环境改善、乡风建设、遵纪守法等领域中通过劳动和贡献挣取相应积分，凭借爱心积分到爱心超市按需兑换生活物资。爱心积分兑换制按时发放爱心积分，避免了过去的临时救助"送温暖"的不确定性；爱心超市物品丰富，群众可以按需领取，避免了过去的我捐你受、送非所要；爱心积分兑换制简化了物资发放的方式，在爱心超市内，群众可以开放自选、直接领取，避免了过去多环节、多层次发放，效率低下的问题。此外，村委会依托爱心积分制，对积极参与村庄基础设施、村庄环境维

[①] 《丹凤今年力争2.5万贫困人口稳定脱贫》，2018年2月14日，商洛市人民政府网，http://www.shangluo.gov.cn/info/1057/74048.htm。

护和其他对村庄治理有帮助事务的群众，给予一定的积分奖励，激励群众积极参与村庄人居环境改善和基础设施维护。

（3）制定详细规章制度，严格执行奖惩措施。为保证爱心超市长期稳定地发挥帮扶作用，丹凤县建设和管理并重，非常重视爱心超市建成后的运营管理情况，制定了爱心超市运营管理细则并定期开展监督检查。第一，对于款物捐赠，内部捐款统一放入慈善捐款箱中，并做好登记，外部捐款统一收款登记；接收捐赠物品时要出具收据，并及时登记造册。第二，对于款物管理，爱心超市运营管理人员要严格按照财务、物品管理制度，做好捐赠、购买物品的统计、保管工作，做到账款相符、账物相符。第三，对于物品发放、销售，统一凭借爱心积分购买超市物资，超市物资明码实价，凭爱心积分购买时，及时做好积分登记修改工作，避免出现漏扣、错扣现象。第四，定期向社会公布款物的接收、购买、分配和使用情况，接受群众监督。第五，对于乱丢垃圾、打架斗殴、不孝敬老人、不讲诚信等行为，村庄设立惩戒分，并依据道德评议红黑榜，给予正面典型一定的积分奖励，给予反面典型一定的扣分惩戒。并对于积极主动脱贫致富的贫困户给予积分鼓励，对于"等靠要"思想进行反向激励，多措并举、奖罚分明，激励群众向上向善、助人为乐。

2. 主要成效

爱心超市的设立和爱心积分制的确立，在树立文明乡风、建设美丽乡村的同时，缓和了贫困户和非贫困户之间的矛盾，激发了贫困群众脱贫致富的斗志，增强了村集体的凝聚力，促进脱贫攻坚合力的形成。

（1）激发了贫困群众脱贫致富的内生动力。通过建设爱心超市，设立爱心积分制，激发了贫困户主动参与村庄事务、服务于村庄治理的热情，消除少数贫困户安于贫困的"等靠要"

思想，在群众中形成勤劳致富光荣，安于贫困可耻的普遍思想。此外，爱心超市丰富的基本生活物资，减轻了贫困户的生活负担，为贫困户自主创业、脱贫致富减轻了后顾之忧。同时，依托爱心积分配套道德红黑榜，不仅为贫困群众树立了脱贫致富的好榜样，极大地激发了贫困群众脱贫致富的内生动力，还在村民之中形成了互帮互助、共同致富的良好风气，非贫困户帮扶带动贫困户，贫困户与非贫困户之间合作发展产业。在贫困村形成了前所未有的人人想脱贫、人人思致富、人人都有脱贫志的脱贫致富良好氛围。

（2）营造了文明友善团结和睦的良好氛围。爱心超市起到良好的引导作用，通过设立积分制，全部村民都可以参与到村庄建设和服务中，调动了村民的积极性，提高了村集体的凝聚力；通过制定相关规章制度，使爱心超市的管理有序推进，增强了村民的集体意识，提高了基层治理水平，维护了村庄安宁，促进了社会稳定；通过严格执行相关规章制度，对村民实施正向激励和反向约束，积极引导村民向上向善、助人为乐、关心集体，贫困户和非贫困户之间的关系得以改善，村民之间更加团结和谐。在设立爱心超市的丹凤县各村，村民纷纷主动改变精神面貌，积极整治村庄环境卫生，开展农村垃圾处理、污水治理、卫生厕所改造、建设清洁家园的行动，主动学习健康文明的生产、生活方式，养成良好的生活习惯。各村逐渐形成了邻里和睦、团结友善的良好氛围，村集体的凝聚力大幅提高，村风村貌得以改善。

（3）凝聚了顺利推进脱贫攻坚的强大合力。在建设爱心超市的过程中，社会各界纷纷弘扬扶贫济困、崇德向善的中华民族传统美德和乐善好施、助人为乐的时代新风，积极响应丹凤县委统战部、县工商联、县市监局、县民政局联合发出的《关于向全县村级"爱心超市"捐赠钱物助力脱贫摘帽的倡议书》。由帮扶单位带头，社会各界的爱心人士、爱心企业和社会组织纷纷为村级爱心超市的建设捐赠钱物，助力脱贫摘帽，形成了强大的脱贫合力。此外，丹凤县合力团社会组织在捐赠物资的过程中，探索出了"省＋县"的一加一模式，[①] 在这一模式下省级和县级社会组织分工明确、执行有力，发挥出"一加一大于二"的力量，提高了工作效率，有效助力了丹凤县爱心超市的建设，大力推进了丹凤县脱贫攻坚的进程。

（4）奠定了有机衔接乡村振兴的坚实基础。乡村是具有自然、社会、经济特征的地域综合体，兼具生产、生活、生态、文化等多重功能，与城镇互促互进、共生共存，共同构成人类活动的主要空间。乡村兴则国家兴，乡村衰则国家衰。习近平总书记在党的十九大报告中提出乡村振兴战略，其总要求是产业兴旺、生态宜居、乡风文明、治理有效、生活富裕。丹凤县通过建设村级爱心超市，设立爱心超市积分制，不仅助力脱贫攻坚，激发了贫困群众脱贫的内生动力，还极大地调动了村民参与村庄建设和公共服务的积极性。由此，村民生活水平得以提高，生活习惯、卫生观念、精神面貌得以改善，乡风民风渐趋团结友善，村庄基础设施得以完善，人居环境越来越好。爱心超市的建设有助于乡村振兴战略的实施。

3. 经验启示

丹凤县通过动员多方共同参与，齐心援建爱心超市，彰显出团结友善、助人为乐的时代精神；通过设立爱心超市的积分制，激发了村民参与村庄建设和服务的积极性，既能提高村民的基本生活水平，又能增强村集体凝聚力；通过制定科学的规章制度，对村民实施正向激励和反向约束。

（1）物质激励是基础。物质激励是爱心超市建设的基础，

[①] 《丹凤县合力团社会组织一卡车新物资送达爱心超市》，2019年8月8日，搜狐网，https://www.sohu.com/a/332340801_586317。

也是帮助贫困群众脱贫,提高贫困群众生活水平的重要资源。爱心超市中可用积分兑换的物质绝大多数是人民群众的生活必需品,是人民群众需要的日常生活物资。村民参与村庄服务和建设可以获得生活必需品,是对接人民群众日常生活基本需求的合理方式,是一种积极的正向引导。社会各界爱心人士、企业、社会组织积极响应党委政府倡议,为物质激励的物资供应贡献了力量,营造出了"人人为我,我为人人"的优良氛围,形成了良性循环。

(2) 规章制度是"红线"。作为"红线"的规章制度是保障工作顺利实施,保证工作发挥最大成效的重要手段。爱心超市的规章制度是保障积分制顺利推进的重要手段,是保证爱心超市作用最大化的"红线"。"没有规矩,不成方圆"。详细、严格的规章制度对于爱心超市的运行而言是必需的,其基本内容注重正向激励和反向约束的"双管齐下"甚至"多管齐下",更注重规章制度的合理性。此外,严格执行规章制度也是保障它们有效的重要方式。丹凤县爱心超市奖惩有度、奖罚分明,激发了村民脱贫斗志、增强了村民的集体意识、提高了村集体的凝聚力,并在保障爱心超市项目顺利推进和优势发挥方面起到了至关重要的作用。

(3) 良性竞争是手段。良性竞争是激发群众脱贫致富内生动力的重要手段。丹凤县爱心超市设立了积分制,引导村民服务村庄换取积分,再用爱心积分兑换物资。在积分制中,不限制非贫困户群众的参与,鼓励全体村民参与其中,消融了脱贫攻坚措施只针对贫困群众带来的非贫困户和贫困户之间的矛盾,在全体村民中形成了良性竞争的氛围。通过良性竞争,进一步激发了群众脱贫致富的内生动力,增强了村集体凝聚力,加快了村庄建设的步伐,提高了基层治理水平。

(4) 扶志扶智是关键。"授之以鱼不如授之以渔",扶志扶智一直是脱贫攻坚工作的重要组成部分,是激发贫困群众脱贫致富内生动力和贫困村庄凝聚力的关键。丹凤县爱心超市建设的初衷就是助力脱贫攻坚,既扶志也扶智,激发贫困群众脱贫致富的内生动力,变"授之以鱼"为"授之以渔"。社会各界的援建保障了爱心超市的物资供应,积分制的建立营造了良性竞争的环境和氛围,规章制度的制定和严格执行激励村民更加积极地参与村庄建设和服务。这些措施看似相互独立,实则相互联系,形成了良性循环,取得显著成效。从扶智角度看,爱心超市的设立改变了村民的生活习惯和卫生观念,营造了乐于助人、尊老爱幼、互帮互助的良好氛围。从扶志角度看,爱心超市的设立激发了贫困群众脱贫致富的内生动力,村民逐渐树立集体意识,增强集体责任感,提高贫困村庄的凝聚力。

(三)镇安县"户分三类"举措有效实现精准脱贫

"九山半水半分田""一山未了一山迎,百里都无半里平"是位于秦岭南麓镇安县的真实写照。受自然地理条件限制,镇安县经济发展滞后、贫困人口多,是陕西省 11 个深度贫困县之一,2017 年年底全县有建档立卡贫困村 90 个,贫困人口 1.6 万户 4.7 万人,贫困发生率为 19.1%。镇安县脱贫攻坚战迎来了最难啃的骨头,剩余的贫困户大部分是处在脱贫难度大、返贫风险高的山区的深度贫困人口。如何带动这部分人脱贫致富,完成 2020 年前全面脱贫的目标,镇安县实施了"户分三类、精准帮扶"的工作方法,扶贫干部逐户逐人探访、调研,根据贫困户自身家庭现状、致贫原因、未来发展和变化发展四个方面,把贫困户划分为有劳动能力户、弱劳动能力户、无劳动能力户三大类,实行一户一策、一人一法,精准帮扶,切实将政府帮扶措施与贫困户结合起来,扶贫政策帮到了点上、扶到了根上、助到了关键处。2019 年 5 月 7 日,陕西省人民政府批准镇安县退出贫困县序列，成为陕西省深度贫困县中第一个实现脱贫摘帽的贫困县。

1. 逐户逐人探情况，精准识别划类型

习近平总书记强调，精准扶贫，一定要精准施策。要坚持因人因地施策，因贫困原因施策，因贫困类型施策。摸清探明贫困户家庭情况、致贫原因、身体状况、发展潜力和政策落实等情况，是进一步开展精准扶贫工作的基础，在镇安县现有贫困户信息数据的基础上，逐户逐人对贫困户的基本信息进行了再核实、再更正。首先由县里干部带队，组织乡镇扶贫干部，以村为单位，对贫困户的情况进行逐项逐条摸底排查，确保无错评、漏评、错退等现象，对贫困户重点开展"九核"，即家庭人口、健康状况、劳动能力、从业情况、致贫原因、家庭收入、政策落实、达标情况、群众意愿等信息的核查，然后根据核查结果开展行动。一是对于核查发现错评的，严格按照要求进行清退；二是对于符合贫困条件而未纳入贫困户的遗漏户，或因家庭出现意外致贫、返贫，及时纳入，并及时进行政策帮扶。在掌握了贫困户家庭基本情况等信息后，镇安县重点评估贫困户家庭成员的劳动力情况，并结合其他因素，按照统一的标准把贫困户划分为三类：第一类是有劳动能力户。把家庭成员身体基本健康、劳动力相对充足、有稳定脱贫产业的贫困户确定为有劳动能力户，然后再对照户脱贫的五条标准，把已经达标的确定为放心户，一项以上没有达标的确定为缺项户。全县共确定有劳动能力户7914户，占贫困户总户数的48.2%，其中放心户5406户、缺项户2508户。第二类是弱劳动能力户。把家庭成员因病因残劳动力弱、劳动力相对偏少、收入不稳定的贫困户确定为弱劳动能力户，然后再把弱劳动能力户中，经过帮扶当年可以达标脱贫的确定为可脱贫户，不能脱贫的确定为沉底户。全县共确定弱劳动能力户3826户，占贫困户总户数的

23.3%，其中可脱户 3215 户、沉底户 611 户。第三类是无劳动能力户。把家庭成员全部因病、因残、因年龄无劳动能力或丧失劳动能力的贫困户确定为无劳动能力户，然后再把无劳动能力户中，达到特困人员救助供养条件的确定为特困供养户，不够特困人员救助供养条件的确定为兜底低保户。全县共确定无劳动能力户 4691 户，占贫困户总户数的 28.5%，其中特困供养户 3490 户、兜底低保户 1201 户。镇安县还针对农村普遍存在的恶意分户、不赡养老人等现象，创新推行了"备案老年贫困户"的做法。一种是，对子女都不是贫困户，收入稳定、生活条件较好，因不尽赡养义务而造成独居老人生活困难的，没有纳入贫困户的一律不纳入，已经纳入的按清退处理，坚决杜绝把赡养老人的责任推给党委政府的不良现象。组织脱贫第一书记、驻村工作队、帮扶责任人、村两委班子"四支队伍"逐户上门教育引导，或由司法部门强制子女依法履行赡养义务，签订赡养协议，提供赡养费用，保障老人基本生活。另一种是，对子女虽然都不是贫困户，但实际生活也比较困难，识别前老人已分户独居的，由帮扶干部采集 5 户以上群众证言，村委会、村党支部召开会议研究审定，再由村民代表会进行公开评议，公示无异议后报县扶贫局备案，确定为"备案老年贫困户"，享受所有扶贫政策。截至 2018 年 7 月，全县共认定 728 户 1128 人。然后，在已确定的备案老年贫困户中，对因婚嫁、外出务工等原因，子女失联 2 年以上，老人实际无依无靠的，够条件的直接纳入兜底低保户，不够条件的重点帮扶、正常退出。

2. 因人因户精准施策帮扶，绣花功夫助力脱贫攻坚

镇安县实施"户分三类、精准帮扶"的目的是针对各户不同的致贫原因、不同的劳动力情况进行具体问题具体分析的精准帮扶，按照贫困退出标准，逐户逐人制定帮扶政策，真正让帮扶政策与贫困户达到契合。对于有劳动能力户，重点开展产业帮扶，按照"长短结合、以短养长"的思路，将需要较长投入期与培养期的长期产业，与见效较快的短期产业结合起来，为每个有劳动能力户都帮助规划了两个以上的长短产业，并出台产业扶持政策，给予一定的奖补。镇安县设立产业奖补专项资金，建立产业基地，扶持社区扶贫工厂的建立，全年累计发放产业奖补资金1.63亿元，集中流转土地、建设产业基地7.1万亩，建设扶贫工厂（车间）208个。对于放心户，重视巩固脱贫成果，提高脱贫质量；对于缺项户，记录缺项明细，按表逐项完成；对于住房安全不达标的，利用易地扶贫搬迁和危房改造进行保障。对于弱劳动能力户，重点实施就业帮扶。帮扶措施主要落实到人，对有就业创业愿望的贫困人口，组织开展劳动技能培训，或就近就地安置公益岗位，或安排到扶贫工厂（车间）稳定就业，或组织动员龙头企业、专业合作社、能人大户吸纳就业，保障贫困户稳定就业。对于部分"等靠要"的贫困户，采用扶志扶智的措施激发其自主脱贫的动力。对于沉底户，制定年度帮扶计划，依据家庭情况明确脱贫时限，重点通过持续帮扶、逐年实现脱贫。对无劳动能力户，重点实施政策帮扶。除不折不扣落实兜底政策外，主要解决好分散供养特困人员、兜底低保户的两不愁三保障问题，确保其按期达标脱贫。其中，对老年人、残疾人以及未满16周岁的未成年人中无劳动能力、无生活来源、无法定赡养抚养扶养义务人或者法定义务人无履行义务能力的特困供养户，重点落实特困人员救助供养政策，进行集中或分散供养，实现政策脱贫。对兜底低保户，重点落实A类低保[①]，补齐缺项短板，实现兜底脱贫。

镇安县实施"户分三类，精准帮扶"后，领导苦抓、干部

[①] 低保按照不同程度分为ABC三类，A类为低保常保对象，即无劳动能力，无经济来源，无法定赡养人、抚养人的"三无对象"，属长期重点保障户，按照常保标准全额补助。

苦帮、群众苦干，干群关系和谐稳定，各产业稳定发展，贫困户脱贫热情高涨，农村面貌显著改善，农民收入稳定增长。2019年5月7日，陕西省人民政府批准镇安县退出贫困县序列，镇安县的脱贫之路，无疑给脱贫攻坚这场考试交了一份高分的答卷。

（四）留坝县扶贫互助合作推动脱贫攻坚

汉中市是国家扶贫重点县，2014年全县贫困发生率高达30.81%。脱贫攻坚以来，留坝县围绕"两不愁三保障"目标，坚持机制创新，设立村级"扶贫互助合作社"（简称"扶贫社"），集生产经营、村务管理、公益服务于一体，把全县82.6%的农户和100%的贫困户全部镶嵌在产业链上，有力推动了农业发展、农民增收，2018年实现全县脱贫摘帽。

1. 产业扶贫中的难题

"我们差不多把所有弯路都走了一遍。"说起村里的发展历程，留坝县马道镇沙坝村党支部书记余海兵满脸苦笑。过去村上没什么产业，老百姓想在家门口脱贫致富也没有办法，青壮年大多外出打工，留在村里的都是老人孩子，群众收入普遍偏低，生活也没个保障。为改变这一状况，村党支部发动群众发展产业，却接连遭遇挫折，2010年前后，组织群众入股发展大鲵养殖，没多久市场萎缩，创业失败；2013年，党支部牵头搞竹鼠养殖，因为缺少技术支持，养的竹鼠病的病、死的死，几乎血本无归；2014年，又组织贫困户发展袋料食用菌，由于没有管理经验，搞成了"吃大锅饭"，一些贫困群众出工不出力，影响了产品品质，又亏了好几万块钱；后来，支部还发动群众种药材、搞养殖等，都由于种种原因难见起色。村里的贫困状况不但没有改变，还倒欠了群众20多万，群众都发牢骚：千万不能听村干部的，他们让干啥啥就赔钱。村里的党员和干部出了力不讨好，既羞愧又困惑。

这样的情况并非沙坝村独有。在脱贫攻坚中，留坝县发现，很多村子虽然给项目给资金，看起来产业也搞起来了，但要不了多久大多数就陷入半死不活的状态。通过总结分析发现，村干部和扶贫干部空有一腔热情是不行的，组织松散、不会管理、不懂市场，必然吃大亏。怎么解决这个问题？给每个村都配上几个又有干劲、能力又强的干部显然不现实，真正要把单家独户的农民组织起来，把产业链打通，让小经营变成大产业、走向大市场，实现脱贫致富，必须在管理组织体系上搞创新、下功夫。2016年，在对全县实际情况深入研究的基础上，学习借鉴其他地区先进经验，留坝县探索建立村级扶贫互助合作社，并在部分镇村进行试点。

2. 扶贫互助合作社的"大框架"

扶贫互助合作社理事长由村支书担任、副理事长由村主任担任、监事长由驻村第一书记担任，具体架构主要包括以下三个方面。

（1）以生产互助为核心的股份经济合作社。村上的股份经济合作社承担了扶贫社的经济管理职能，上承项目资金、中联龙头企业、下接普通农户，是村里发展产业的主要平台。从股权设置看，包括集体股、政府股、个人股3类股权，分别占15%、15%、70%，其中政府股由县扶贫产业投资开发公司持有。在利润分配时，先提取年度净利润的10%作为扩大生产的公积金、5%作为开展公益事业的公益金，剩余的85%再按照股份份额进行分红。从组织架构看，合作社下辖建筑工程队、电商服务队、旅游服务队，以及根据各村具体情况设置的食用菌、苗木花卉、中蜂养殖等农业生产服务队，其中建筑工程队按照县上政策承接30万元以下、工程技术较为简单的农村建设项目,"短平快"增加合作社收入,其他队伍主要负责组织劳动力为相关产业发展提供服务,每队队长都由熟悉行业情况的村上能人担任,普通村民自愿加入、按工收益,贫困户优先,平均每人每天收入在一两百元左右。从生产经营看,按照"龙头企业+合作社+农户"的思路建设产业基地,采用"三统一分"生产经营模式,以食用菌产业为例,即统一生产菌筒、统一技术指导、统一销售、分散管理,由企业统一制筒,解决以往各户制筒成品率低的问题;统一技术标准,企业技术服务一包到底,解决农户技术难题;采摘的香菇统一存放到产业园冷库,合作社联系客商上门收购,解决销售难、卖不上价的问题;农户除了付出一定的生产成本外,只需要做技术要求相对较低、劳力投入较大的日常管理和采菇工作,让企业、合作社和农户扬长避短、各尽所能,做自己最擅长的事,形成合力,实现共赢。这个办法首先在沙坝村进行试点,推出当年该村的食用菌产业基地就实现止损,并盈利1.5万元,2020年预计至少盈利20万元。

(2) 以公共服务互助为核心的公益服务队。长期以来,大部分农村一没资金、二没平台、三没人手,乡村治理的各项政策措施落不到实处,基础设施也往往是"有人建、有人用、没人管"。针对这一现象,留坝县在扶贫社下设置了公益服务队,以"三队两会一规一屋"为抓手,把乡村治理真正做实。"三队"包括卫生管护队、自来水管护队、道路管护队,主要负责村上基础设施和环境卫生日常维护工作,同时也是农村人居环境整治工作的具体实施者,"厕所革命"、垃圾分类以及村容村貌提升等大部分项目都可以承担下来。"两会"即"院坝说事会"和村道德评议委员会,"一规一屋"分别是村规民约和德美屋。"院坝说事会"是全体村民参与的议事制度,村上和扶贫社的各种重大事宜必须上会,由全体村民共同参与决策;村道德评议委员会是村民民主评议评价机构,定期对村民执行村规民约情况和贫困户自主脱贫情况进行评议打分,村民平时可根据积分到德美屋兑换生活用品,年终的集体分红也与积分挂钩。

(3)以资金互助为核心的扶贫互助资金协会。在产业扶贫中,不少地方遇到的一个突出问题,就是很多贫困户由于缺少资金,无法深度参与到全村产业发展中,更不用说搞自己的产业了。面对这一问题,在省市政策的支持下,留坝县设置了扶贫互助资金协会,县财政为每个协会注入资金 30 万元,作为本金,按照广泛宣传、村民自愿的原则,动员贫困户、能人大户、新型经营主体等参股入会,每名会员至少持 1 股,每股 1000 元,贫困户由帮扶单位补贴,免费入股。会员可办理最长 1 年、最多 1 万元的互助资金贷款,用于发展产业,贫困户贷款享受财政全额贴息,贷款产生的利息每年按持股比例给会员分红。同时,根据产业发展需要,协会的政策也不断跟进。例如,2018 年沙坝村经"院坝说事会"集体讨论通过,对扶贫互助资金协会贷款额度进行调整,每户借款上限由 1 万元 1 年变为 3 万元 3 年,对农户扩大生产支持力度更大、实效性更强。

3. 扶贫互助合作的成效分析

在试点取得良好效果的基础上,留坝县在全县推行扶贫互助合作社制度。截至 2020 年 1 月,共建成 75 个扶贫社,覆盖了全部 75 个行政村,极大增强了农村发展活力。

(1)农业产业持续发展。全县建成各类产业基地 128 个,发展生产大户 221 户,2018 年农产品销售总额达到 1 亿元,2019 年上半年养猪、养鸡、养菌产业同比分别增长 73%、66.7%、77.6%。

(2)集体经济持续壮大。2016 年,留坝县集体经济"空壳村"有 36 个,几乎占行政村的一半;到了 2018 年年底,全县村级集体累积达到 1606 万元,最多的村超过 100 万元,最少的也有五六万元,彻底消灭了"空壳村"。

（3）农民收入持续增加。2018年，发展产业、入社务工、产业托管、流转土地、分红5种方式，为全县贫困户带来收入2000多万元，户均近2万元，贫困发生率由2016年的10.34%降至1.08%。

（4）农村面貌持续改善。现在的留坝县，农村道路有人管，路旁的垃圾有人捡，农民家里的水管坏了，打个电话就有人上门维修。全县涌现出自主脱贫先进典型200多名，发布红榜先进事迹300多件，乡村风尚不断向好，群众幸福感、获得感不断增强。

4. 几点思考

（1）必须巩固党在农村的领导地位。党的农村基层组织是党在农村全部工作和战斗力的基础，不论机制如何创新、形式如何变化，党的领导是始终不能动摇的。留坝县在扶贫社的相关章程中明确规定，扶贫社是依托村党支部成立的集体合作社，理事长必须由村党支部书记担任。通过将经济发展、乡村治理、服务群众等功能全部整合到党支部领导下的扶贫社，让党支部有了"抓手"、做得更实，与群众的生产生活联系得更加紧密，在群众中的凝聚力、号召力、影响力大幅提升，领导核心作用得到充分发挥。

（2）充分尊重基层首创精神。基层离实践最近，群众最有创造力。在脱贫攻坚和乡村振兴中，要进一步激发基层活力，鼓励基层干部探索创新，大胆闯大胆试，让更多的"土办法"、好经验闯出来，指导当地的实践。对于基层探索中出现的一些偏差和失误，应当宽容，积极纠正，避免挫伤干部群众创新的积极性；对一些与发展需要不相匹配的体制机制，要及时修改完善，让更多创新举措成为推动发展的强大动力。

（3）建立起职能融合、权责清晰的工作体系。当前，农村发展普遍存在投入主体多元、投入力量分散现象，要推进脱贫攻坚、实现乡村振兴，必须统筹各方力量，既要各司其职、各尽其能，又要有机融合、协同发力。留坝县通过扶贫社整合了村党支部、村委会、扶贫工作队等多方力量，实现了职能融合，简化了乡村治理中的一些老旧环节，提高了农村自我发展能力。同时，合理划分各个主体之间的权力责任边界，该走的流程必须走，该分开的账目必须分开，避免出现推诿扯皮、纠缠不清等问题。

（4）要形成有效的监督体系。要让干部干事，就要给干部赋权；要让干部清清白白干事，就要对干部进行有效监督。留坝县通过扶贫社赋予了村干部充分的权力，同时也不忘给他们套上"紧箍咒"：第一书记担任扶贫社监事长，同时担任驻村廉政特派员；以镇为单位外聘会计公司负责扶贫社财务管理，由县审计局外聘审计公司负责扶贫社实施项目的审计；明确规定村"三委会"主要负责人不得领办扶贫社经营类项目，不得以大型机械租赁形式在项目实施中领取报酬等。通过这些方式，让监督体系真正发挥作用，让群众和干部能够一心一意促脱贫，一门心思搞发展。

五 以生态建设实现贫困山区可持续发展

2005年8月24日,时任浙江省委书记的习近平同志就指出:"我们追求人与自然的和谐,经济与社会的和谐,通俗地讲,就是既要绿水青山,又要金山银山。"① 实现贫困山区的可持续发展需要高度重视和保护生态环境。秦巴山区既是贫困地区,又是重点生态功能区。在脱贫攻坚中,秦巴山区各地因地制宜,充分利用当地生态资源并发挥其生态优势;以生态保护和治理促进区域经济可持续发展,走出了各具特色的"生态脱贫路"。

(一)商洛以脱贫攻坚引领贫困山区生态建设和发展

"生态补偿脱贫②一批"是中央"五个一批"专项扶贫的重要组成部分。集中连片贫困地区大多处于山区,生态环境较为脆弱,承担着重要的生态功能。厘清生态建设与脱贫攻坚之间的关系,合理科学运用生态资源实现贫困人口脱贫对集中连片

---

① 习近平:《之江新语》,浙江人民出版社2007年版,第153页。
② 生态补偿脱贫是指,生态受益地区向生态价值提供地区给予补偿,包括资金、项目、人才各方面的补偿,让这些生态保护地区或者生态价值提供地区有积极性,减少污染破坏,同时拓宽了农牧民收入的来源渠道,使贫困地区摆脱贫困。

贫困地区贫困治理非常重要。党的十八大以来，商洛深入学习贯彻习近平生态文明思想，践行绿色发展和"绿水青山就是金山银山"的理念，坚持以脱贫攻坚引领生态建设，将生态扶贫作为脱贫攻坚的主要抓手，统筹实施退耕还林工程、发展特色林木产业、兑现生态效益补偿、设立生态管护岗等措施，走出了一条以绿色发展助力脱贫攻坚的生态脱贫道路。

1. 坚持生态扶贫政策，及时兑现补助

习近平总书记指出，在生存条件差、但生态系统重要、需要保护修复的地区，可以结合生态环境保护和治理，探索一条生态脱贫的新路子。商洛围绕"科学规划、现地指导、倾斜支持、助推脱贫"原则，实施生态扶贫政策，助力脱贫攻坚。

（1）实施退耕还林政策。本着"申报多少、安排多少、尽量保障"的原则，商洛优先满足贫困县、贫困镇办、贫困村（社区）和贫困户；对农村贫困对象需要实施退耕还林的，由县区优先安排并直接将计划下达到贫困村，安排到户。退耕还林工程实施后，经市、县林业行政主管部门等检查验收合格，及时按相关兑现政策规定补助资金。2017年，退耕农户直接获得现金补助达到3.012亿元，造林种苗费补助0.753亿元。通过扎实组织实施新一轮退耕还林工程，森林面积得以增加，植被覆盖率得以提高，有效改善了生态环境。截至2018年9月，商洛市洛南县积极实施退耕还林工程，开展退耕还林政策兑现，已安排贫困人口退耕还林12407.8亩，已投入补助资金209万元，惠及贫困户3368户13400人，户均年增收620.5元，人均年增收156元。① 同时，通过组建退耕还林造林队，实施林业实

---

① 姚渤潮、卢根良：《洛南五举措强力推进生态脱贫》，2018年9月4日，商洛市人民政府网，http://www.shangluo.gov.cn/info/1057/77945.htm。

用技术培训，有效为贫困群众拓宽了收入来源，提升了劳动能力。镇安县青铜关镇乡中村二组的贫困户李春文，家里共6口人，有山坡地22亩，过去以种粮为生，广种薄收，扣除种子、化肥等成本投入，每年收入仅2000多元。生态扶贫工程改变了他家的困境，2017年镇安县组建退耕还林造林施工队将他吸纳其中。镇安县组织林业专家和技术骨干走进林区，为退耕还林施工队传授修剪、栽植、配方施肥、病虫害防治等林业实用技术。现在，李春文通过春秋两季栽植育苗增收6000元，同时他还把握住机遇将种粮食改为种植烤烟近20亩，年预计可增加3万元纯收入。① 2016年9月，商洛市退耕还林办公室还被国家绿化委、国家人社部、国家林业局联合命名为"全国绿化模范先进集体"。

（2）落实生态补偿资金。为深入实施乡村生态保护和修复，促进乡村自然生态系统功能和稳定性全面提升，商洛不断完善生态补偿机制，提高自然资源的科学利用水平，提高生态保护与修复综合效益。商洛通过实施天然林资源保护、重点防护林等工程，积极推进森林质量提升，加快构筑全市生态安全屏障。充分利用不适宜耕作的土地、未利用土地开展植树造林，增加森林植被。2009—2015年，上级下达商洛市公益林补偿面积从264.45万亩逐步增加到790.21万亩，其中：国家级公益林补偿面积648.01万亩，省级公益林补偿面积142.2万亩，累计兑现到农户的生态效益补偿资金42908.37万元。生态补偿涉及6县1区，81个镇办，781个行政村，4315个村民小组，17.1万户71.3万人。其中涉及贫困户6.4万户，贫困人口27.2万人，2015年度人均补偿资金150元。② 丹凤县武关镇段湾村的贫困

---

① 田琳：《镇安贫困户受益林业扶贫》，《商洛日报》2018年11月15日第1版。

② 商洛市林业局：《关于生态扶贫的调研报告》，2016年7月27日，商洛市政协网，http://www.slzxw.gov.cn/html/2016/hyzt_0727/1118.html。

户金传安 2017 年领取到了退耕还林补贴款 1587 元，当年依靠割生漆还收入了 1 万多元，通过林业生态资源轻松实现脱贫。通过落实生态补偿，一定程度上增加了贫困人口的收入，有助于提高贫困群众收入的稳定性，也有助于保护生态环境，形成了以政府补偿为主导、多种市场化补偿机制为补充的生态保护补偿制度体系，助力脱贫攻坚。

（3）设立生态管护岗位。洛南县按照"县管、镇建、站聘、村用"的工作格局，立足县情实际，研究制定生态护林员选聘实施方案。2017 年至 2018 年 7 月底，选聘安置建档立卡贫困人口生态护林员 396 人，护林员月补贴 600 元，已兑现生态护林员补贴 451.44 万元，惠及贫困人口 396 户 1495 人，户均年增收 7200 元，人均年增收 1907.2 元。[1] 为实现生态护林岗位科学化管理，每个镇办从有劳动能力的贫困人员中组建了 30 人的造林、防火队，通过政府购买服务的方式承担镇办辖区的森林火灾扑救和林业重点工程造林工作，每人年工资达 5000 元，实现 3000 人直接脱贫。[2] 柞水县从 2018 年起按照"每个护林员熟悉掌握一门林果科管技术、达效一亩经济林、年收入一万元"的思路，依托县林特产业发展中心和柞水县林业站的技术干部，对各镇办和各村的护林员进行技术培训，在课堂上讲理论，在林地里进行实践，现场操作，人人考核，使每名护林员都掌握了一门以上的林果科管技术。798 名护林员同时掌握了板栗、核桃科管技术，165 名护林员在掌握技术后，同时掌握了养蜂、育苗、药材、袋料木耳、袋料香菇种植和水杂果修剪与管理等多

---

[1] 姚渤潮、卢根良：《洛南五举措强力推进生态脱贫》，2018 年 9 月 4 日，商洛市人民政府网，http://www.shangluo.gov.cn/info/1057/77945.htm。

[2] 《关于生态扶贫的调研报告》，2016 年 7 月 27 日，商洛市政协网，http://www.slzxw.gov.cn/html/2016/hyzt_0727/1118.html。

门技术,成为本村组林业科技领头兵。① 商南县金丝峡镇西湾村贫困户张宏学,妻子残疾,自身收入很低,家庭条件很差。他通过生态扶贫成为一名护林员,经过培训之后参加森林管护工作,每月工资300元(2018年起涨至400元),他感慨道:"国家政策真是太好了,给了我一份护林员的工作,让我每个月都能有钱拿,还方便了就近照顾家里。"全家生活状况有了明显改善。生态管护岗的设立不仅使部分贫困群众迅速脱贫,也使部分贫困群众的可持续生计得到保障,有利于加快部分贫困群众脱贫致富的步伐,是绿色发展助推脱贫攻坚的重要手段。

2. 推动绿色产业发展,带动群众增收

2012年以来,商洛突出绿色发展主线,坚持产业绿色化、城镇景区化、田园景观化发展思路,依托生态优势蹚出一条绿色脱贫道路。

(1)开发特色经济林木产业。以实施退耕还林工程为契机,商洛市大力发展特色经济林木,坚持科学规划、因地制宜、适地适树的原则,在充分尊重农民意愿的基础上,鼓励发展核桃、板栗、牡丹、花椒、华山松等特色经济林,保障农民在退耕还林工程建设中增加收入,助力贫困群众脱贫致富。不断深化"三带一创"发展模式,探索实施"三变"改革,有力促进林业产业化、资金资本化、扶贫精准化,持续带动贫困户增收。② 商洛提升传统林果业,发展长效脱贫产业,在商州区金陵寺镇任村建起年处理150吨干核桃的五龙山核桃加工厂,主要生产枣夹核桃、精品原核桃、椒盐核桃等。如今,产品进入超市和

---

① 宋奇瑞:《柞水860名护林员家庭年内可全部脱贫》,2019年10月9日,商洛市人民政府网,http://www.shangluo.gov.cn/info/1057/84816.htm。

② 党梁:《柞水生态脱贫成效显著》,2020年1月6日,商洛市人民政府网,http://www.shangluo.gov.cn/info/1057/86465.htm。

特产店销售。与单纯卖核桃相比，利润增加30%左右。通过把流转核桃林地的农户，特别是有劳动能力的贫困户组织起来加入核桃合作社，组建专业技术队、农耕专业队和加工专业队。2017年全村95%的贫困户依靠核桃产业脱贫。丹凤县庾岭镇立足蟒岭山区的资源优势，引导群众在两岔河村发展红豆杉产业脱贫基地1.2万亩，建成红豆杉母本苗木大棚49个，栽植红豆杉150万株，组建了合作社，吸收会员150户，其中贫困户70户，带动贫困群众增收。

（2）完善特色农业产业体系。近年来，商洛市依托当地特色农业，以产业带动为脱贫攻坚主旋律，按照"大产业、大扶贫、大带动"发展思路，以打造秦岭生态农业示范市为抓手，大力发展特色现代农业，构建了菌、药、果、畜"4+X"特色农业扶贫产业体系，培育了森弗、君威、华茂等147家成长型龙头企业。通过与贫困户签订包销合同，贫困户家里种植的菌类、核桃等由扶贫企业统一检验采购包装，销售至东方航空、中铁集团等大型企业。保证了贫困户家里农产品销路稳定，企业采购的食材也有质量保障。商洛2018年发展食用菌1.86亿袋，食用菌从业群众达5万余户10万人，主产区菇农户均收入逾2万元、人均收入达5000元。全市发展食用菌农民专业合作社20个，成立食用菌开发加工企业4个，建成菌种生产场11个，发展食用菌物资、机械专卖店23个，食用菌购销大户1500余人。与此同时，全市发展核桃336万亩、板栗268.9万亩、中药材208.54万亩，养殖生猪288.3万头、禽类3993.4万只，菌、果、药3个产业产量均位居全省之首，板栗、茶叶、魔芋、蚕桑、猕猴桃等一批县域特色扶贫产业也在商洛遍地开花。

（3）光伏发电实现环保增收。光伏扶贫作为国务院扶贫办2015年确定实施的"十大精准扶贫工程"之一。通过在光照资源条件较好的地区建设户用和村级小电站或较大规模的集中式电站,[①] 农民可以自己使用这些电能,并将多余的电量卖给国家电网,从而实现扶贫对象的稳定增收。2016年以来,商洛市大力发展光伏发电产业。2017年全市争取省级光伏补助资金660万元,建成和在建光伏发电项目累计装机超过385兆瓦。2018年5个县(区)的贫困村、贫困户实现了光伏产业全覆盖。发展光伏发电产业既为引导全民践行绿色发展、保护绿水青山提供了政策支持,也为优化能源结构、建设美丽乡村提供了重要保障。商州区杨峪河镇吴庄村积极推进分布式光伏屋顶,通过"光伏+中药材"和"光伏+食用菌"发展方式,让贫困户实现了多渠道增收。

3. 打造"绿水青山"胜地,推动生态旅游

"城镇景区化、产业绿色化、田园景观化"的发展模式正在商洛遍地开花。以绿色发展为引领,坚持把发展特色全域旅游产业作为重要推动力,破解"八山一水一分田"空间资源瓶颈,全力建设人在画中、村在景中的美丽乡村景象,将商洛打造成为"山清水秀的西安后花园"和秦岭最佳休闲度假旅游目的地。

(1)建设特色小镇。商洛坚持把旅游业作为推进经济社会发展的重要引擎,聚焦建设"秦岭休闲之都、丝路产业新城",把"大旅游"作为全市的战略性支柱产业,不仅成功推出金丝峡、天竺山、牛背梁、木王山等一批精品景区,也打造出柞水朱家湾、山阳法官庙等一大批看得见山、望得见水的全国最美休闲乡村以及商州北宽坪运动小镇、洛南音乐小镇、商南北茶小镇等一批特色文旅小镇,建成了一批有颜值、有温度,更有情怀的精品民宿,构成了丰富多彩的全域旅游产品体系,已成为秦岭原生态度假旅游最佳目的地。同时,将旅游景区建设与

---

① 《关于实施光伏发电扶贫工作的意见》(发改能源〔2016〕621号)。

移民搬迁相结合，利用景区经济效益帮助移民搬迁群众实现就业梦。

（2）营造"大健康""大旅游"氛围。商洛积极响应"健康中国"的号召，抓住"全民健康"的契机，将"大旅游""大健康"产业深度融合，依托商南金丝峡、山阳天竺山、镇安木王山、柞水牛背梁等旅游资源，商洛开发挖掘了保健养老、休闲养生等健康旅游产业，初步形成了具有鲜明地域特色的标准化健康旅游示范区。同时，商洛积极开发特色旅游休闲健身项目，打造了一批户外体育旅游线路，形成了健身休闲与旅游、康复、餐饮等配套的健身休闲服务体系，柞水县岭南千亩中药养生生态旅游观光园、中草药标本苑暨中草药观赏园、商南县试马牡丹观光园、山阳县漫川关现代农业观光示范园受到广大游客青睐。依托生态优势，商洛蹚出了一条绿色脱贫道路。

（二）汉滨区瀛湖镇实现生态环保与脱贫攻坚互动双赢

2016年以来，陕西省安康市汉滨区瀛湖镇努力践行"绿水青山就是金山银山"的发展理念，坚持经济生态化和生态经济化相结合，以生态环保倒逼产业转型升级，生态环境持续向好、群众收入稳定增加，实现了生态环保与脱贫攻坚的双赢。

1. 绿色发展的需要倒逼产业转型

20世纪八九十年代，为了大力发展水电事业，安康市启动了城西18千米处的火石岩水电站建设工程，大坝于1990年建成蓄水，形成了一个水域面积77平方千米、库容26亿立方米的人工湖，也就是现在的瀛湖。

大坝的建成，导致周围大量农田被淹没，库区群众失去了赖以生存的土地，生活怎么办？秉持着"靠山吃山、靠水吃水"

的传统观念，从2000年开始，安康市鼓励群众利用库区水面大力发展渔业养殖，从初期的生态化养殖到引进网箱养鱼。截至2016年，整个库区网箱数量已达到3.4万口，仅瀛湖镇就有2.3万口，渔业已成当地群众收入的主要来源。

然而，随着养殖规模的不断扩大，又产生了新的问题。由于饵料的过度投放等原因，瀛湖水质氮磷超标，水体富营养加重，污染问题日益凸显，被列入中央和陕西省环保督察整改的重点。要发展，又要环保，怎么办？安康市和汉滨区两级党委政府痛下决心，以壮士断腕的勇气，调整产业发展思路，以绿色环保理念为引领，启动了"产业上岸"工程，主导产业由渔业转向其他产业。到2018年4月底，短短5个月，全面拆除3万多口养殖网箱和管理用房，处理销售存鱼180万斤，涉及瀛湖镇500多户、近2000人，库区水质明显好转并达标。

不让养鱼，发展什么产业？收入从哪里来？贫困户的脱贫怎么办？在市、区两级政府的指导和帮助下，瀛湖镇在位于瀛湖核心区的桥兴村先行先试，创造性地提出了"三转"模式，催生和发展新业态，有效解决了"拆得了、稳得住、能致富"的问题。

2. 绿色循环高质量发展转型之路

迅速选准接续产业，尽快解决好库区群众的生产生活问题，是瀛湖镇遇到的一大难题。怎么办？通过深入调研论证，他们决定把目光转向有一定发展基础的传统产业，如种植业、养殖业、旅游业等，转向见效快、效益好的新兴产业，如新社区工厂和电子商务等。但这种"转"，一定是在新发展理念指导下的"转"，一定是实现绿色循环高质量发展的"转"。

（1）由"水"向"山"转。网箱拆了，鱼不让养了，"洗脚上岸、进山入林"，谋求新的出路。一是发展新的主导产业。桥兴村的后山原本就有茶叶种植的传统，为了扩大种植规模，迅速形成主导产业，他们对原有茶园进行扩建改造，形成标准化茶园850亩，新建茶园2000余亩，以原有的7家渔业养殖合作社为基础，重新组建了4个茶叶合作社，带动贫困户29户。大户唐汉邦，以前和8个股东共同经营一个渔业养殖合作社，2018年5月"渔业园区"全部取缔，1360口网箱全部拆除后，他们用500万元的拆除补偿款到后山发展茶叶种植，截至2019年6月有茶园近500亩，2020年就可以采摘获益。二是发展特色农业产业。瀛湖镇以清泉村为龙头，引导农户利用山坡地，种植柚子、枇杷、杨梅、柑橘等鲜果，打造"环湖万亩鲜果基地"，带动周边13个村，大力发展特色现代农业。瀛湖镇有种植枇杷的传统，"瀛湖清泉枇杷"是国家农产品地理标志产品。桥兴村艾家宏原来只种了5亩枇杷，网箱被取缔后，他通过土地流转，将枇杷园扩展到150亩，2019年收入达到50万元。三是发展绿色循环产业。大力发展林下养鸡、养猪等特色养殖业，茶树下养鸡，鸡可以吃虫子、吃草，鸡粪又可以为茶树提供上好的有机肥；利用林下杂草饲养生猪，这种生态猪肉除了满足村民的需要，还能为附近的农家乐提供优质食材，猪粪直接还田。现在，瀛湖库区从山脚至山顶、从低山到高山，种植茶叶31500亩、鲜果10000亩、核桃8000亩、蔬菜1000亩，形成了生态化立体式的山地特色高效农业产业布局。

（2）由"农"向"工"转。坚持立足当前、着眼长远的思路，在打牢农业产业基础的同时，同步发展农产品深加工和社区工厂等，不断优化库区群众的收入结构，进一步拓宽收入渠道。一是特色农产品深加工。桥兴村有3个农产品加工企业，他们积极发展订单农业，与周边120多户村民、34户贫困户签订了土豆、红薯的采购合同，将这些原料加工成淀粉、粉条等，产品的附加值进一步提升。天柱山村种植核桃近6000亩，为了提升产值和效益，村集体办起了"瀛天"核桃加工厂，产品有核桃油、枣夹核桃小食品等，产业链进一步延长，村民收入不断提高。二是建新社区工厂。抓住全市大力发展新社区工厂的机遇，桥兴村社区建起了毛绒玩具厂，配套建设了食堂、托儿所、老年活动中心，吸纳120余名妇女、老人等弱劳动力在社区工厂打工。瀛湖镇全镇2019年有4家社区工厂，共有400多人在社区工厂就业，月平均工资在2000元左右，干得好的能收入近6000元。三是提供公益性岗位。镇上将一部分年龄较大的渔民转为公益护林员、护河员，定期巡山巡湖，变"养鱼捕捞"为"护山护水"。全镇共提供类似的公益岗位600多个。四是职业技能培训。定期开展林果业栽培、茶叶管护、餐饮烹饪、文明礼仪等免费技能培训，提高库区村民的就业技能和致富能力。清泉村村民孙阳是汉滨区电商平台的网红，他四肢瘫痪但身残志坚，积极学习电商知识，并试着经营网店，用嘴咬着筷子敲击键盘，既销售自家的枇杷，还帮村里人销售，"清泉枇杷"因为孙阳而销量大增，他自己每年收入也达到20多万元。

（3）由"渔业"向"旅游业"转。瀛湖是西北地区最大的人工淡水湖，其得天独厚的优势不在"渔"而在"游"，发展旅游业是"绿水"变"金山"的一条主要途径。瀛湖镇调整产业转型方向，优化整合景区资源、推进旅游业提质升级。一是引进龙头企业。安康市政府联手陕文投，成立了安康文化旅游公司，对瀛湖景区进行资源整合、重新规划、统一打造，并拿出一部分资金给景区内的贫困户和村集体配股分红。比如，给地处核心区的桥兴村126户贫困户每人配股2万元，村集体配股48万元，每年按8%的标准进行保底分红。公司还聘请第三方机构，对原来的船舶公司和私人船只进行评估，统一收购、统一管理、统一经营。桥兴村村民曹文龙原有两艘游艇，小艇补了6万元，大艇补了24万元，本人还被返聘继续开游艇，月收入4000元。二是成立产业联盟。将景区内零散的商户和个体经营者组织起来，成立瀛湖景区产业联盟。桥兴村党支部书记唐瑞邦牵头成立了餐饮公司，联合村里其他9户农家乐一起形成产业联盟，统一风格、统一装修、统一定价、统一食材、统一接待，主打"瀛湖鱼宴"，户均年纯利润达 30 万元以上。三是打造特色品牌。瀛湖生态旅游区管委会和陕文投安文旅公司共同出资，重点打造桥兴村"唐家链子"渔文化旅游项目，2019 年已初步建成"原乡体验区""生态农业区"和"综合服务区"三大旅游板块，开发出乡野休闲、渔家风情民俗、生态农业观光、风味餐饮和特色民宿等乡村旅游产品。项目建成后，桥兴村的自我"造血"功能将会进一步增强，当地群众的增收渠道也会进一步拓宽。

3. 生态环保与脱贫攻坚双赢的启示

瀛湖镇的"三转"是倒逼出来的，产业的调整转型已经起步，成效初见，但他们把准转型方向、选择接续产业的眼光和敢于自我破立的精神，为陕西省促进生态环境保护、推动产业转型发展树了个样板。它带来的启示至少有如下几点。

第一，转型是发展大势。"既要金山银山，又要绿水青山"，"保护生态环境就是保护生产力，改善生态环境就是发展生产力"。习近平总书记的这些重要论述，既是长期实践中形成的真知灼见，也是农业产业发展的根本遵循，必须坚决贯彻落实。长期以来，农业产业靠拼资源、拼投入的粗放式发展，导致农业资源过度开发，生态环境不堪重负。面对频频亮起的资源和环境两盏"红灯"，调整产业结构，坚持绿色循环，实现生态保护与产业发展的同频共振，走高质量发展之路，就成为农业产业发展的必然选择，这是大方向、大趋势。

第二，转型需要勇气和魄力。转型意味着机遇，但也常常伴随着阵痛。过去花很大力气发展的产业，现在要放弃，确实非常难。像瀛湖镇，渔业产业发展多年，已是当地主导产业和群众收入的主要来源，一下子全部放弃，无论是镇政府还是群众，一时半刻都难以接受。但没有"伤筋动骨"，何来"脱胎换骨"。短短5个月时间，3万多口网箱全部拆除，库区群众妥善安置，且无一人上访。决心之坚定、落实之坚决，贵在下硬茬、真抓实转、工作细致深入；贵在深化改革、加快制度创新；贵在充分发挥党支部的战斗堡垒作用和党员的示范引领作用。

第三，转型要因地制宜选准方向。绿水青山是自然财富、生态财富，也是社会财富和经济财富，"靠山吃山、靠水吃水"，关键是如何"靠"。"山"可以搞传统种养，更可以发展特色现代农业。他们种茶叶、种鲜果，发展农产品深加工，靠延长产业链、提升附加值增加收入。"水"可以"养鱼"，更可以"泛舟"。他们充分挖掘旅游资源，大力发展乡村旅游，推进一、二、三产深度融合。他们还通过提供公益性岗位、建社区工厂等，多渠道增加群众收入。瀛湖镇因地制宜发展"特色经济"，利用自然优势壮大"美丽经济"的做法，把绿水青山蕴含的生态价值，科学合理地转化为"金山银山"，实现了生态效益、经济效益和社会效益的多赢，值得学习借鉴。

（三）宁陕县推进"生态+"扶贫变绿水青山为金山银山

陕西省安康市宁陕县集贫困地区、重点林区、主体生态功能区、引汉济渭库区、南水北调中线水源地于一身，总面积3678平方千米，辖11个镇68个行政村12个社区，总人口7.4万，其中农业人口6万。2016年以来，宁陕立足森林覆盖率90.2%的资源优势，依托绿水青山的生态优势，积极践行习近平总书记的"两山"理论，把生态优势作为后发赶超的战略性资源，坚定不移地推进绿色循环发展，努力推动生态建设与脱贫攻坚深度融合，坚持走绿色脱贫之路，通过激活释放生态红利，把"绿水青山"变成贫困户的"金山银山"，积极探索"生态+"扶贫的实践样板，打造群众脱贫致富"金饭碗"，

"生态+"扶贫新模式已成为脱贫攻坚和乡村振兴的强大动力。2018年在全县建档立卡贫困户7218户中，生态脱贫政策覆盖5300余户，占比高达73.4%。2019年，宁陕县生态脱贫各类政策覆盖贫困户5800余户，占全县建档立卡贫困户的81.05%。2019年，46.79%的脱贫户享受到生态扶贫补助政策，2020年2月宁陕县实现脱贫摘帽。

1. 做优"生态+产业"，让农户在"绿水青山"中致富

宁陕把产业扶贫作为脱贫攻坚的治本之策，大力推动生态林业、特色农业和休闲农业发展，带动全县农民增收和农户脱贫，实现生态与产业、农业与农民的"双赢"和"共富"。根据县域林业产业发展实际，积极打造干果（板栗、核桃）、森林旅游、林下药材（食用菌）、特种养殖、花卉苗木五大林业产业基地。同时按照一、二、三产业融合发展的思路，引进建成了核桃油加工生产线、板栗初加工生产线，进一步延长产业链条，夯实群众产业增收基础。全县累计建设高标准核桃园12.21万亩，板栗园21万亩，林麝、梅花鹿养殖存栏量1800头，发展天麻、猪苓等林下药材14.66万亩。2019年，共培育山林经济扶贫示范点44处，完成经济林特园丰产管理7.2万亩，发展林下魔芋1.48万亩，利用抚育废弃物发展袋料食用菌520万袋，发展林下畜禽养殖54.2万头（只、羽）、林下养蜂1.5万箱，林麝、梅花鹿特种养殖新发展200头。建成金丝皇菊、油葵、漆树、猕猴桃、花椒采摘基地、茶园累计达5500亩。按照"企业+园区+合作社+农户"等方式，精心培育了6个市级龙头企业、28个现代农业园区、219个合作社等各类新型经营主体，三家龙头企业不断发展壮大，1家企业被认定为国家林下经济示范基地。依托"三变"改革模式把贫困户镶嵌在产业链上，使他们通过入社生产、入股分红、土地流转、订单生产、聘用打工等实现稳定增收。全县核桃、中药材、食用菌均有龙头加工

企业引领提升，镇村建有 37 个主导产业初加工点，宁陕天麻、猪苓获得国家地标产品和"十大秦药"认证，"天华山"香菇被评为省级名牌。2019 年生态产业覆盖全县 11 个镇 90% 的农户，40 个贫困村实现林业产业全覆盖，贫困村当年新建特色经济林 0.48 万亩，贫困户发展特色经济林面积 0.761 万亩，带动贫困户 2423 户，涉及贫困人口 4717 人，贫困人口发展林业产业总收入 247 万元。

2. 做活"生态+改革"，让农户在生态红利中增收

宁陕是国家首批集体林业综合改革试验示范区，在深入推进林业综合改革中，围绕社会化服务体系建设、加强财政扶持制度建设、推进公益林管理经营机制建设、推进林权流转机制和制度建设四个方面大胆探索，开创了一条"生态环境得保护、农民能脱贫致富"的林业生态改革新路子。

（1）依托生态资源变资产增收。率先将 306.2 万亩集体林地落实到户，颁发 1.73 万本林权证，林权发证率达到 99%。截至 2019 年 6 月，全县累计林权抵押面积达 5.02 万亩，累计发放林权抵押贷款 7872 余万元；累计流转林地 73.11 万亩，总交易额达 7 亿余元。全县林地流转率达 35%，比全国林权改革实验区林地平均流转率高出 15 个百分点。发放了全省首批公益林预收益抵押贷款 180 万元，让贫困户以林业资产入股分红、融资收益等方式增加资产性收入，覆盖贫困户 742 户 1626 人，年人均增收 510 元。2019 年，宁陕县加强林业社会化组织的建设、培训、管理，新增林业社会化服务组织 2 家以上。探索建立林业职业经理人创业扶持制度，扶持培育新型林业经营主体，鼓励林业职业经理人带资入股。探索建立"林权抵押贷款直通车"机制，对全县所有农户的林权、公益林预收益权、林地经营权流转证权益统一评估、一次授信，群众办理贷款时只需到金融部门一个窗口办理。拓展了"智慧林业"大数据平台服务功能和应用渠道，建成3个林业专家工作站，组建4个林业协会，把所有生态护林员、天保护林员就地转化成林产品供需信息员，实现了林农群众与电商信息的无缝对接，助推林农通过消费扶贫增加收入。

（2）完善公益林补偿机制增收。2016年在全国贫困县中第一个用县本级财政投入生态补偿，当年安排资金650万元将65万亩省级公益林补偿标准由5元每亩提高到15元每亩，与国家级公益林补偿标准持平。2017年7月，宁陕县林业局被国家人社部、国家林业局联合表彰为"全国集体林权制度改革先进集体"。2018年，宁陕县被国家林业和草原局确定为新一轮全国集体林业综合改革试验示范区。2019年，宁陕县及时、准确地将生态效益补偿资金兑现到户，公益林生态效益补偿政策兑付涉及贫困户3463户10745人，涉及公益林补偿面积33.79万亩，补偿金额325.94万元。

3. 做实"生态+就业"，让农民在呵护绿水青山中脱贫

充分调动农民生态保护积极性，宁陕县2016年率先在陕西省探索贫困户就地转化生态护林员的扶贫路子，创新构建了林业、国土、水利和环保"四位一体"生态环境网格化监管体系。通过政府购买服务的方式，按照县管、镇聘、村用的原则，从40个贫困村的建档立卡贫困户中，择优吸纳有劳动能力的812名贫困群众担任生态护林员，县级自筹资金持续加大生态护林员聘用力度，全县生态护林员聘用人数逐年上升，从2016年的812名增加至2018年的844名，涉及贫困人口3000余人。生态护林员通过培训全部上岗，人均管护面积500亩以上，每人每年工资为7000元，实行动态考核管理，一年一聘。

对聘用的生态护林员严格执行"一监督、两公示、三考核"管理机制。其中，"一监督"是指宁陕县成立专业督察组，每个月随机抽取不低于2个镇、每个镇随机抽取不少于2个村进行

生态护林员履职、在岗情况暗访督察。"两公示"指，一方面在各村制作生态护林员履职情况公示牌，公布每个生态护林员的职责和县、镇、村三级监督举报电话，鼓励广大群众对生态护林员履职情况进行监督和举报，举报属实的每次给予举报人200元奖励；另一方面在生态护林员房屋门头对其管辖范围和职责进行公示，随时提醒其履职尽责。"三考核"是指对生态护林员日常履职实行每日签到报告、每周考勤通报、每月汇总考核制度，对不能正常履职或者出勤天数未达到规定标准的立即辞退。

针对部分镇村对生态护林员日常管理不到位的问题，宁陕县林业局主要采取如下举措：一是制定了《生态护林员日常履职监管核查分片包干工作方案》，举全局各股室力量，通过实行领导包片、股室包镇、干部包村的方式开展生态护林员日常履职核查工作，核查全县844名生态护林员是否正常在岗履职；生态护林员聘用流程档案是否规范完善、聘用合同是否存在过期未续签、考勤登记表是否与逻辑不相符等情况；生态护林员搬迁户是否存在人岗分离后无法履职情况；生态护林员巡山时发现非正常情况的处理方法和处理程序是否得当等。二是开展了护林员转换为消费扶贫信息员、生态护林员"五星竞赛"等活动，竞赛评选出生态护林员"勤劳致富之星、科学技术之星、环境卫生之星、家风文明之星、敬业奉献之星"，实现生态护林员管理精准、扶贫扶志举措精准的目的。全县自落实生态护林员政策以来，已累计发放工资1696余万元，仅2019年就发放工资422万元。通过聘任生态护林员，每个家庭户均增收7000元、人均增收2000余元，取得了"一人护山水、全家能脱贫"的良好成效。

4. 做精"生态+工程"，让农户在生态宜居中小康

通过生态工程建设增加农户转移性收入。宁陕县每年在各项林业重点生态工程项目建设中，优先向贫困村贫困户倾斜覆盖，优先聘用贫困劳动力。积极引入社会资本开展森林抚育，创新公益林管理投入机制，出台了《宁陕县扶持组建森林经营管理专业合作社实施方案（试行）》，新组建森林经营管理合作社9家。截至2019年年底共实施森林抚育5万余亩。以移民搬迁为抓手，对从山上搬到山下的群众实施宅基地腾退和新一轮退耕还林政策，真正实现了"人退林进"。在工程实施过程中重点向贫困村、贫困户倾斜，为每个符合退耕还林条件的贫困户规划落实退耕还林人均1.5亩以上。2019年及时完成了新一轮退耕还林的补助兑现工作，兑付涉及7个镇、22个村、2个社区，涉及贫困人口1516户4924人，贫困户实施退耕还林面积4834.7亩，已补助资金195.7676万元。同时，以农村危房改造为接入点深入推进农村人居环境综合整治，不断促进生态功能恢复，同步实施40个贫困村的农村人居环境综合整治及贫困户民居改造工作，绿化造林2.9万亩，2019年春季绿化造林达1.95万亩，义务植树20.06万株。

宁陕县通过激活释放生态红利，积极探索生态扶贫的实践样板，探索出了可复制、能推广的"绿水青山就是金山银山"的生态脱贫"宁陕模式"。宁陕县生态脱贫工作受到上级的高度重视和持续关注，宁陕生态脱贫工作做法和经验先后在全国、全省范围内得到总结推广，陕西省人民政府副省长魏增军对宁陕生态脱贫工作作出重要批示，对宁陕生态脱贫工作给予充分肯定。宁陕生态脱贫做法在全国林业生态建设与精准扶贫专题研究班上被分享，国务院官网、中央电视台、新华社等权威媒体多次刊发宁陕生态脱贫典型经验。"生态+"扶贫的实践，成功实现让绿水青山变成秦巴山区贫困群众的"金山银山"。

（四）淅川县以生态经济发展助力脱贫攻坚成果巩固

地处秦巴山区的淅川县是河南省南阳市下辖县，因淅水纵贯境内形成百里冲积平川而得名。它辖17个乡镇（街道）、67万人，面积2820平方千米，是河南省最大的深度贫困县。2017年国家发改委下发《关于明确新增国家重点生态功能区类型的通知》，淅川县入选"国家重点生态功能区"。作为南水北调中线工程源头和深度贫困县，淅川县积极践行"两山理论"，坚守生态底线，先行先试，主动作为，努力探索生态经济可持续发展的脱贫攻坚模式。

1. 积极践行"两山理论"，严格履行护水责任

2013年以来，淅川县积极践行"两山理论"（绿水青山就是金山银山，既要绿水青山又要金山银山），严格履行保护水源的国家使命，全面实施生态立县、工业强县、旅游兴县、创新活县"四大战略"。为了保证丹江口水库蓄水至170米，淅川县最好的41.6万亩河谷良田被淹没，约40万人移民搬迁；为了保证水源水质，先后关停工矿企业380多家，取缔养鱼网箱5万多口、畜禽养殖场600多家。最终，丹江口水库水质常年稳定保持在Ⅱ类以上标准，陶岔取水口水质达到Ⅰ类标准。作为国家南水北调中线工程水源地和渠首所在地、国家级湿地保护区、河南省级风景名胜区，淅川县丹江湖景区2019年由河南福森集团按照国家5A级景区标准投资建设，计划建设成为集"观赏性、知识性、趣味性、娱乐性、养生性"为一体的中原休闲度假胜地和祈福圣地，成为生态压力下发挥"两山理论"效应最真实的写照。为了坚守一级水源地"生态底线、生态红线、生态高压线"，实现变生态压力为转型动力的目标。淅川县以生态经济为主线，因地制宜，发挥优势，培育特色，形成集群，致力于打造"水源""林海""果乡""药库""胜地"等特色生态品牌，初步探索出"短中长"生态经济可持续发展的脱贫攻坚模式。既保证了国家生态水源安全，又打造了群众脱贫致富奔小康恒业，收到了良好的生态效益、经济效益、社会效益。

2. "短中长"模式，实现生态经济可持续脱贫攻坚

通过以短养长，以长促短，长短互补，使群众都有稳定的增收渠道，激发他们发展产业的动力，确保真脱贫，脱真贫，不返贫。"短中长"模式是淅川县在保护水源和贫困治理的道路上探索出的独特生态经济可持续脱贫攻坚模式，即"短线"发展食用菌和中药材等特色种植产业集群，确保当年初见成效和当年脱贫；"中线"发展软籽石榴和薄壳核桃等特色林果产业集群，确保三年大见成效和中期致富；"长线"发展生态旅游等产业集群，确保五年持久见效和长期小康。经过努力已初步实现乡乡有特色产业、村村有生产基地、户户有增收项目的目标。"短中长"产业集群年综合产值达138亿元以上，培育市级以上龙头企业31家，扶持农民合作社1152个，创建家庭农场916家，三分之一的贫困户实现稳定脱贫。

（1）短线：发展食用菌和中药材等产业，确保贫困户短期脱贫。淅川县发挥生态、资源、气候和特色产业等比较优势，大力发展"产业有基础、市场有销路、当期效益高"的特色优势产业，重点打造特种种植、特种养殖、光伏、劳务经济等"短平快"产业集群，确保贫困户有2个以上短线增收项目覆盖，户均可增收1万元左右，实现当年稳定脱贫。作为淅川县的传统优势产业，食用菌和中药材是秦巴山区最适宜的选择。为建设食用菌产业基地，淅川县依托龙头企业绿地公司、益瑞农业公司、丹江情公司等，采取"公司+合作社+基地+农户（贫困户）"等模式，建设香菇产业扶贫示范区，两年内覆盖当地所有贫困户，截至2019年6月已发展食用菌4000多万袋，带动6500余户，户均年增收5000元左右。在中药材产业基地建设方面，淅川县形成了"产加销"链条化发展模式，依托河南福森药业、九州通药业及南阳艾尔康生物科技公司等，采取"公司+合作社+基地+农户（贫困户）"等模式，持续发展金

银花、艾草、连翘、丹参、迷迭香等中药材,全县中药材已达5万余亩,贫困户户均1亩,户均年增收5000元左右;2018年7月11日在香港主板上市的河南福森药业公司,是全国最大的双黄连类感冒药生产企业,其金银花和连翘原材料基地带动4个乡镇、23个村、350多户2000余人长期就近务工,用工高峰期日均6000人以上,户均年增收1.8万元以上。如今,淅川县的食用菌和中药材产业已经实现了"种植基地+加工基地+国内外市场"全链条发展。在养殖业方面,针对小龙虾和白玉蜗牛成熟期较短、养殖门槛低、比较效益高的特点,淅川县依托水资源优势布局小龙虾等养殖基地,采取"村支部+合作社(协会)+贫困户"等模式,打造中原地区最大的小龙虾、白玉蜗牛养殖基地和交易集散地。截至2019年1月,全县已发展小龙虾2万余亩,户均1亩虾,户均年增收4000元左右;白玉蜗牛产业已覆盖5个乡镇40个村,养殖总量达5000多万只,户均年增收6000元左右。此外,大力实施"农光互补"产业,按照"政府主导、市场运作、抢抓机遇、盘活资源"的要求,将光伏扶贫作为贫困群众脱贫增收的重要举措;劳务经济对有劳动能力的贫困户全覆盖,依托扶贫车间、扶贫产业基地吸引"4050"劳动力就业,开发1万多个公益岗位解决安置区部分人员就业问题,对青壮年贫困劳动力展开就业培训,鼓励外出务工,极大地解决了剩余劳动力的问题。

(2)中线:发展特色林果产业集群,确保贫困户中期可致富。为巩固短期脱贫成果、统筹规划致富奔小康,淅川县立足全县70%以上耕地为岗坡薄地、土地面积80%以上处在生态红线以内等县情实际,按照区域化布局、规模化发展、产业化经营的思路,全方位打造软籽石榴、杏李、薄壳核桃、大樱桃等生态高效林果产业集群。利用土地所有权、承包权、经营权"三权分置""返租倒包""保底分工"等机制,通过土地流转的方式实现形成产业规模化发展。依托当地龙头企业在九重镇、香花镇、厚坡镇等平原丘陵区，优先发展软籽石榴产业，建设10万亩软籽石榴产业扶贫示范区，每亩效益1.5万元左右，致力于打造"中国软籽石榴之乡"；依托南阳果然出色公司等龙头企业，在荆紫关镇、寺湾镇、西簧乡、毛堂乡等山区，优先发展薄壳核桃产业，巩固发展湖桑产业，适度发展大樱桃等产业，建设十万亩薄壳核桃和万亩湖桑产业扶贫示范区；依托中线水源杏李林果有限公司等龙头企业，在老城镇、大石桥乡、滔河乡、盛湾镇、金河镇等库区，优先发展杏李、大樱桃等产业，巩固发展薄壳核桃、软籽石榴等产业，形成特色鲜明的林果产业带、观光带，利用产业集群效应推动特色果林业发展。截至2019年6月，全县已发展经济林果30多万亩，林下套种面积达50%左右，户均1亩以上果园，基本实现了贫困户全覆盖，其中16万亩果树已经挂果，两年内将进入盛果期，户均年增收可达6000元以上，初步实现了大地增绿、农民致富、产业振兴。

（3）长线：发展生态旅游产业，确保贫困户脱贫可持续。为实现贫困户脱贫可持续的目标，淅川县持续推进"旅游兴县"战略，把生态旅游这个朝阳产业作为脱贫攻坚长线产业倾力打造，为群众长远致富开辟广阔空间。通过景区拉动、典型带动、融合联动，提升全域旅游水平，让群众在生态旅游产业链上增收致富。为保证贫困户就业脱贫可持续，淅川县以创建丹江湖国家5A级景区为龙头，升级南水北调渠首、丹江大观苑、坐禅谷、香严寺、八仙洞等景区景点。高标准建设环库路，加快建设西十高速，着力构建环丹江湖旅游圈。2019年6月到景区从事旅游服务的贫困户达500多户，户均年收入超过2万元。不仅如此，淅川县还积极实施旅游扶贫工程，以沿湖沿路和旅游资源丰富的贫困村为重点，编制乡村旅游扶贫规划，出台乡村旅游扶贫实施方案，设立旅游发展基金，制定农家乐宾馆奖励扶持办法。全县共建成旅游重点乡镇10个，旅游重点村36个，乡村旅游产业园40个，农家乐和特色民宿500多家，将贫困户嵌入旅游链条精准受益，辐射带动全县贫困人口500多户2300多人走上了乡村旅游发展之路。为推动农旅、林旅、体旅深度融合发展，拓展全域旅游空间，淅川县借助山水林田湖草和荒山荒坡治理项目，高标准打造扶贫产业万亩"哈尼梯田"；围绕全县30多万亩生态林果产业，拓展植物园、采摘园、养殖园的旅游功能；实施生态造林工程，造林面积连续10年居河南省县级前列；探索"旅游+体育+扶贫"模式，成功举办多项重大赛事。通过开发特色旅游产业，带动1000余名贫困群众人均增收3000余元。

3. 淅川县生态经济实现脱贫可持续的启示

（1）着力加强党的建设，推动脱贫攻坚可持续。脱贫攻坚事关国家富强、民族振兴、人民幸福。淅川县把加强党的建设高质量与脱贫攻坚高质量有机结合，致力于以党的建设高质量推动脱贫攻坚高质量，重点发挥党在基层组织中的领导作用，凝聚了广大党员干部的力量，为脱贫攻坚事业提供了强大的组织保障。

（2）遵循经济发展规律，实现增收措施多层次。淅川县遵循"特色+绿色"集群化区域经济发展规律，深入实践"两山理论"，持续推进供给侧结构性改革，把贫困户短期脱贫与中长期致富奔小康结合起来，把经济发展与生态保护结合起来，以短养长、以长促短、长短互补，既破解了水质保护、水源涵养难题，又形成了竞争优势、发展优势。通过对"短中长"模式的不断探索与实践，打造了多层次增收措施，确保当期可脱贫、中期可致富、长远可持续。

（3）创新多方共赢机制，形成脱贫攻坚大合力。脱贫攻坚是一项系统工程，需要调动各方积极性，以多方参与强化整体合力。要充分发挥当地政府引导作用、龙头企业的带动作用、合作社的纽带作用、贫困户的主体作用，通过创新"三权分置"

"保底分红""返租倒包"等利益联结机制，做到兼顾企业、银行、村集体、农户等各方利益。

（4）坚守风险防控底线，给予发展全方位保障。脱贫攻坚必须做到发展与预防风险兼顾，方能实现脱贫致富的健康稳定。要抓住"风险防控"这个事关产业成败的牛鼻子，不仅在政策支持、人才引进、跟踪服务等方面给予全方位保障，坚持不懈做大做强产业集群和龙头企业，而且综合施策、多点用力，通过引入农业担保、保险等灵活的融资机制，使金融扶贫工作又上一个台阶。

六 定点扶贫：助力打赢深度贫困地区脱贫攻坚战

2017年6月23日，习近平总书记在深度贫困地区脱贫攻坚座谈会上指出，"我国贫困问题具有区域性特征。1986年启动国家大规模减贫计划时，就划定过18个集中连片贫困地区，我当时工作的宁德地区就属于18片中的闽东北地区。那时，即使东部地区也还有许多群众生活非常困难。经过30多年持续努力，当年的贫困地区大部分已经改变面貌，群众生活也得到明显改善"。① 陕西省丹凤县是中国社会科学院的一个定点扶贫县，结合当地实际情况，积极探索深度贫困地区脱贫攻坚有效实现路径，为如期高质量打赢脱贫攻坚战贡献了"丹凤力量"。

（一）丹凤县武关镇梅庄村壮大集体经济的蝶变之路

陕西省丹凤县武关镇梅庄村境内山大沟深、立地条件差，有7个村民小组255户1062人，有党员37人，2017年建档立卡贫困户68户241人，贫困发生率23%。昔日的梅庄村被称为

---

① 习近平：《在深度贫困地区座谈会上的讲话》，2017年8月31日，中国共产党新闻网，http://cpc.people.com.cn/n1/2017/0831/c64094-29507970.html。

"两无两多村"（无主导产业、无集体经济，贫困户多、外出务工人员多），是一个名副其实的"空壳村"。面对一穷二白的现状，梅庄村以壮大村集体经济为主攻点和突破口，积极发展脱贫产业，创新利益联结机制，走出了"党支部+股份经济合作社+公司+贫困户（农户）"四位一体的集体经济发展路子，实现了村集体经济从无到有、从弱到强的巨大突破。

1. 主要做法

2016年以来，梅庄村坚持改革创新、聚力突破，积极推行"党支部+'三变'改革+集体经济+贫困户"，一举甩掉了贫困帽子，让旧貌换了新颜。

（1）强化党建先行，为基层装上"发动机"。"给钱给物不如给个好支部"，村班子的战斗力直接决定整体发展。他们以开展"党旗引领脱贫路"主题实践活动为载体，通过支部引领、头雁示范、党员带头，为发展集体经济配备了强劲动力源。一是支部引领。2018年村"两委"班子换届，将7名年富力强、综合素质好、群众威信高、带富能力强、做事有担当的能人选进村"两委"班子，建强了基层战斗堡垒。新成立的党支部敢为人先、勇于担当，认真贯彻落实上级有关农村集体产权制度改革决策部署，扎实开展清产核资，摸清集体"家底"。于2018年4月注册成立的梅庄村股份经济合作社，解决了长期困扰农村集体经济发展的法人身份问题，从源头上破除了发展机制障碍。二是头雁示范。村集体经济组织成立后，按照村股份经济合作社章程，经成员（代表）大会选举，由村党支部书记兼任股份经济合作社理事长，村监委会主任兼任监事长，其他5名村"两委"成员兼任管理人员，构建了"党支部+股份经济合作社+公司"的村集体经济组织结构。面对村办企业丹菇公司成立之初资金严重短缺、群众热情不高的现状，村党支部书记率先出资10万元，其余6名村干部各出资3万元，投入香菇栽培场地建设。动员全村40户无产业贫困户在村互助资金①协会各贷款5000元入股，村股份经济合作社注资60万元，并将54.87万元村集体经营性资产折资入股且3年内不参与分红。通过"领头雁"的示范带动，引导群众广泛参与，步入了良性发展的快车道。三是党员带头。因地制宜开展"三培三带"活动，即：把党员培养成致富能手、把致富能手培养成党员、把党员致富能手培养成村组干部，党员带头增收脱贫、带领群众致富、带动集体经济发展。8名党员致富带头人通过资金、技术、管理入股等方式，既当"管理员"，又当"技术员"，全力参与支持集体经济发展；30多名党员全程服务于产业脱贫的各个环节，成为促进集体经济发展的中坚力量。

（2）发展脱贫产业，给村里种下"摇钱树"。发展壮大集体经济，产业是基础、核心。梅庄村紧紧抓住产业发展、集体增收这个根本，下大力气，做大文章，探索出了多元化发展壮大集体经济的路子。

第一，强化改革推动。全面推进农村集体产权制度改革，建立村组两级清查单位8个，清查经营性资产152万元、非经营性资产400万元，耕地1485亩、林地1.96万亩，界定出合作社成员258户1002人，设定人口股1002股，全部参股集体经济组织。同时，将村集体建设的气调库、水井、产业路、产业基地配套设施等，核算成村集体经营性资产，将政府投入的苏陕协作项目资金、省级财政专项资金、村集体经济扶持资金等全部进行整合，由村股份经济合作社集中统一使用，并将村经营性资产、资源、资金全部折股量化到所有股民，有效盘活了资

---

① 贫困村村级发展互助资金：由专项安排投入贫困村的财政扶贫资金，以及贫困村内农户以入股方式投入的自有资金组成。在贫困村内实行"民有、民用、民管、民受益、周转使用、滚动发展"管理模式，着力缓解贫困农户发展生产所需资金短缺问题，推进贫困村和贫困农户可持续发展。

源，夯实了集体经济发展基础。

第二，强化项目带动。利用山地资源多、山场面积大、光热资源丰富的优势，打破瓶颈、拓宽思路，在驻村工作队的指导帮助下，制定村集体经济发展计划，明确了发展方向、发展项目、发展路径、运作模式，谋划出春季有茶、三季有菇、四季有光伏发电的产业布局，形成了长期产业保稳定、短期产业稳增收、三产融合促市场的发展模式，以短养长、长短互补，确保了产业增收有实效。

第三，强化政策拉动。紧抓三大政策机遇，乘势而上，努力实现村集体经济大发展大跨越。抢抓农村产权制度改革机遇，深化农村"资源变股权、资金变股金、农民变股民"的"三变"改革，流转闲散土地，盘活资源资产，积极探索以村集体、企业、大户、贫困户入股经营的股份制抱团发展模式，鼓励更多贫困户入股经营、分享收益。抢抓上级出台的一系列优惠政策机遇，实施精准扶贫，立足村情实际，积极建设产业基地，推动村集体经济不断壮大，走上了从"输血式"扶贫到"造血式"扶贫的可持续发展道路。抢抓商洛市委、市政府出台《关于发展壮大农村集体经济的实施意见》的机遇，进一步提升发展理念，创新发展路径，用足用活扶持政策，全面加快集体经济发展。

第四，强化多方联动。积极探索多元化发展路径，为村级集体经济的发展插上了腾飞的翅膀。其一，借"光"发展。利用国家光伏扶贫政策及苏陕协作项目，争取财政投资建成140千瓦光伏电站，由村股份经济合作社直接运营管理，光伏发电带来的收益成为村集体经济资金的重要来源，破解了村集体经济发展壮大"无鸡下蛋"的问题。其二，借"体"发展。因地制宜兴办经济实体，成立村集体企业，2018年5月由村股份经济合作社创办丹菇食用菌开发公司，注册资本108万元，流转土地60亩，建成香菇大棚60个，建成容量400立方米的气调库

1座，同时聘请县食用菌研究所技术人员担任顾问，吸引本村在外打工的掌握香菇种植技术的农民"土专家"回村组建技术指导团队，走专业化、特色化、品牌化道路，创建了"丹菇品牌"。在丹菇公司带动下，2019年全村香菇产业发展到109户100万袋，不仅实现了贫困户和剩余劳动力就地就业，而且有效带动了周边农户脱贫致富。其三，借"地"发展。通过土地流转，将土地向集体经济组织集中，改变了一家一户分散经营的状况，推动了土地适度规模经营。村股份经济合作社流转阮岭组、梅子洼组土地1000亩，自主经营，建成千亩茶园，发展茶产业，使茶叶的产前、产中和产后环节联成产业链条，解决了农户小生产、无标准与社会大市场的矛盾，促进了农业产业化发展。其四，借"企"发展。按照"村集体资金—企业—分红"模式，将100万元集体闲置资金投入到华茂牧业公司，获得年6%的定比分红，增加了村集体经济收入。其五，借"会"发展。成立梅庄村互助资金协会，吸纳206户农户入社（其中2013年以来贫困户累计122户），累计发放借款55.5万元，每年提取公益金1.5万元，既实现了资金在运行中增值，又增强了村级集体经济实力。

（3）实行联股联利，让群众吃下"定心丸"。发展集体经济，让群众真正增收脱贫，关键是建立利益联结与风险防控机制，有效激发群众参与发展的热情和动力。梅庄村探索并初步建立了"三项机制"。

一是建立股份联结机制。通过干部带头入股、群众出资入股、集体注资入股，以股份为纽带，把集体、干部、群众紧密连为一体，形成利益共同体。在利益分配上，将丹菇公司每年的净收入，提取20%作为公积金和领办干部奖励金，剩余的80%按股份分红（其中村股份经济合作社出资60万元占股55.6%，干部出资28万元占股25.9%，贫困户出资20万元占股18.5%）。将村股份经济合作社的净收入，提取40%作为公益金、公积金、风险金和管理费，其余60%按股权向群众分红（其中在脱贫攻坚期内，将70%给全村241名贫困群众按人头股分红，30%给全村1002份按人头股平均分红；脱贫攻坚结束后，村股份经济合作社分红资金对全村所有股东平均分配），实现利益共占共享。

二是建立利益激励机制。出台鼓励激励村干部领办帮办集体经济产业发展政策措施，领办帮办的干部可不参与坐班、日常事务等，但仍可获得工作奖励金。从丹菇公司每年纯收益中提取10%作为领办干部奖励基金，通过公司董事会民主评议，按各人的参与度和贡献率大小，经村股份经济合作社同意后发放奖励金。对贫困户务工人员，采用记工取酬，根据各人工作量发放劳务工资，对务工不积极、管理分包代料香菇不负责任的贫困户取消参股资格，倒逼贫困户主动参与经营。对建成的60个香菇大棚，产权归村股份经济合作社所有，由丹菇公司统一管理运营（其中36个大棚由公司直接经营，24个大棚在脱贫攻坚期内供15户菇农免费使用，从2021年开始向群众出租，所得租金纳入丹菇公司收益）。

三是建立风险防控机制。在选择村级集体经济项目时，坚持因地制宜，加强项目风险论证，扩大主导产业保险覆盖面，建立了多主体、多渠道的风险分担机制。集体经济项目及重大事项决策，严格执行"党支部会提议、'两委'会商议、党员大会审议、村民代表会议或村民会议决议；决议公开、实施结果公开"的"四议两公开"工作法。村"两委"班子成员实行交叉任职，村党支部书记和村监委会主任分别兼任村股份集体经济合作社和丹菇公司理（董）事长和监事长，加强了内部管理。制定了《村集体经济收益分配办法》，村集体经济获得纯利润后，每年提取10%作为风险防控基金，主要用于自然灾害及不可预测灾害的应对支出，最大限度保障村集体和农户的利益。村办企业（丹菇公司）每年从纯收益中提取一部分，作为领办干部奖励资金，提高村"两委"干部的合理合法收入，并奖励为发展村集体经济作出贡献的党员群众，让所有群众都有盼头。

2. 主要成效

（1）壮大了经济实力。通过集体企业带动、互助资金撬动，聚焦发力，构建产业多元化发展格局，集体经济实现了平稳较快的发展。截至2019年年底，梅庄村集体经济纯收入达37万元（其中光伏收入9.5万元、丹菇公司纯收入18.5万元、华茂公司定比分红6万元、互助资金公益金3万元），新种植1000亩茶叶并从2021年开始收益，从而实现从几乎没有村集体经济的"空壳村"向"实体村"的华丽转身。

（2）增添了脱贫动力。在村庄多元化发展的支撑下，40户贫困户和15户群众发展香菇产业，68户贫困户发展茶产业，实现贫困群众160人就业。2018年全村农民人均纯收入9737元，高出当年全县农民人均纯收入13个百分点，贫困发生率下降到1.4%，累计脱贫59户230人，实现整村脱贫出列。2019年贫困户户均增收8000元以上，实现6户7人脱贫，为脱贫攻坚注入了强大动力。

（3）激发了发展活力。村集体经济与群众利益的捆绑，促进了贫困群众主动参与产业发展，依靠劳动增收致富，消除了少数群众的安贫思想，形成了人心思进、人心思干的良好民风。同时，群众通过参与食用菌、茶叶加工与生产，学习掌握实用技术，有的还成为"土专家"，为脱贫攻坚、乡村振兴提供了人才和智力支撑。

（4）提升了组织能力。村级集体经济的发展，增强了村"两委"班子为民办事能力和村民自治能力，实现了乡风民风、文化生活和人居环境美起来的目标。通过一系列发展集体经济的措施，充分调动和激发了村干部的工作积极性，党员干部的先锋模范作用有效彰显，村级组织的凝聚力、战斗力和号召力显著增强，人民群众的获得感、幸福感、安全感进一步提升，进一步巩固了党在农村的执政基础。

3. 经验启示

梅庄村以党支部的领导、公司化的运营、全民性的参与为主要抓手，举全村之力发展村集体经济，实施了"党支部+股份经济合作社+公司+贫困户（农户）"四位一体的发展模式，走出了一条特色鲜明的乡村致富之路，具有启示价值。

（1）党建引领是核心。农村基层党组织是农村经济社会发展的领导核心，干部不出头，群众不放心。办好农村的事，要靠一个好的基层党组织、靠一帮好的带头人。梅庄村探索出的"党支部+股份经济合作社+公司+贫困户（农户）"四位一体的村集体经济组织结构，为实现整村脱贫提供了有力的组织保障，也为乡村振兴奠定了坚实的组织基础。

（2）路径选择是关键。发展壮大村级集体经济，关键是选对路子。资源相对匮乏的贫困山区发展村集体经济，要因地制宜、深挖潜力，坚持走多措并举、多元联动发展路子，积极采取借"光"发展、借"体"发展、借"地"发展、借"企"发展、借"会"发展等模式，最大限度地降低市场风险，确保集体经济增收保值。特别在产业发展过程中，要始终把贫困群众镶嵌在产业链上，通过培育龙头企业、延长产业链条、提高产业效益，增强群众依靠产业增收致富的信心。

（3）群众受益是目的。群众参与、群众受益是发展壮大村级集体经济的出发点和落脚点，既要做大"蛋糕"，又要分好"蛋糕"，真正让贫困群众共享集体经济发展成果。要把村集体土地、荒山、房屋和贫困群众自有耕地、林地的承包经营权等，折价入股村集体经济组织，通过盘活资源实现共享；把投入村上的财政资金、扶贫资金量化为村集体或贫困群众持有的股金，通过股权收益帮助贫困群众实现增收。

（4）机制创新是保障。机制创新是发展壮大集体经济的助推器。只有探索建立制度机制，坚持科学化运营、规范化管理，才能确保村集体经济健康有序发展。必须通过建立股份联结、利益激励、品牌共享、风险防控等机制，实现村集体、股份公司、村干部、农民群众多方利益一体化，壮大村集体经济，带动贫困户发展，从而取得多方共赢的成果。

（二）扶持龙头企业实现贫困群众精准脱贫

习近平总书记指出，扶贫不是慈善救济，而是要引导和支持所有有劳动能力的人，依靠自己的双手开创美好的明天。对贫困人口中有劳动能力、有耕地或其他资源，但缺资金、缺产业、缺技能的，要立足当地资源，宜农则农、宜林则林、宜牧则牧、宜商则商、宜游则游，通过扶持发展特色产业，实现就地脱贫。推进产业扶贫，实现贫困群众与脱贫产业之间的有机衔接，解决贫困人口发展产业所面临的市场风险、技术短板等难题的有效举措就是深化政企合作，发挥龙头企业的带贫作用。丹凤县政府加强对以肉鸡养殖加工为主的民营企业丹凤县华茂牧业公司的政策支持，引导它充分发挥全产业链优势，带动贫困户多渠道增收，探索出一条政企联动、优势互补，企业、群众、社会多方共赢的产业扶贫之路。

1. 强化政策支持　培育龙头企业

丹凤县长期重视龙头企业培育，为脱贫攻坚中龙头企业的作用发挥奠定了坚实基础。丹凤县按照"大龙头引领、产业化经营、园区化发展"的思路，聚力打造产业基地，着力壮大华茂、民乐等产业化龙头企业，加快现代农业转型升级，促进农民持续增收。截至2014年年末，丹凤县围绕打造5000万只肉鸡标准化生产基地，重点推广现代畜禽规模养殖装备技术，在商镇王源村、土门镇土门村等村建设标准化肉鸡生产基地，新建现代化叠层笼养鸡舍6个、玻璃钢标准化鸡舍40个，[①] 使华茂公司在良好的发展环境中持续发展壮大。脱贫攻坚战打响以来，各级政府持续加大对华茂企业的帮扶，提供政策、资金、人才、机制等方面的全方位支持和保障，提升华茂企业带贫能力。2016年，在公司发展农业产业期间，省政府协助其贷款1000万元，拓宽产业品类，也为务工的贫困群众分红180余万元提供支持；2018年，公司发展过程中资金流不足，再次通过省政府申请低息贷款1500万元，解决了资金短缺问题。[②] 在企业自身努力与政府大力支持下，华茂公司先后被国家农业部命名为"全国主食加工示范企业"，被陕西省命名为"陕西省现代农业园区""陕西省农业产业化重点龙头企业"，成为丹凤县产业扶贫主要抓手，农民脱贫致富的骨干产业，在脱贫产业发展中发挥重要作用。

2. 深化政企合作　完善产业帮扶

在脱贫攻坚中，丹凤县政府加强与龙头企业华茂公司的合作，华茂公司也专门成立了精准扶贫领导小组，配备专职扶贫工作人员，确定了党总支统领、支部包片、党员示范的扶贫思路。通过"政府+企业（合作社）+扶贫户"的工作模式，把贫困户嵌入养殖、加工、流通全产业链的各个环节，累计直接帮扶建档立卡贫困户2346户7795人，净收入1183万元。

（1）强化资金运用，帮助贫困群众创业分红。建设养殖基

[①] 赵文峰：《丹凤县聚力打造十大产业基地》，2014年12月26日，商洛市人民政府网，http：//www.shangluo.gov.cn/info/1057/45655.htm。

[②] 《龙头企业脱贫一线显身手》，2019年12月30日，陕西省人民政府网，http：//www.shaanxi.gov.cn/info/iList.jsp? tm_id = 166&cat_id = 18014&info_id = 157582。

地、培育养殖大户，是带动贫困户创业增收的有效手段。丹凤县政府确定利用3年时间、用好3000万元扶贫资金、扶持900户贫困户、带动3000名贫困人口在肉鸡养殖产业链脱贫致富的"3393"工作思路[1]，与华茂公司深入合作，发挥龙头企业全产业链在精准扶贫中的带动作用。面对贫困户由于资金短缺，无法承担建肉鸡养殖大棚的成本难题，丹凤县政府和公司联合采取帮扶措施，协作为贫困人口提供资金支持。建一个二代棚需要30多万元，政府、公司分别为每个棚提供免息借款15万元和5万元，其余部分自筹，借款由公司在肉鸡收购款中分期扣除。除了贫困群众建棚创业，贫困户以资金、林地等入股，从农民变股东，获得分红收益，也成为贫困群众受益的重要方式。在贫困人口较多、有林下养殖条件的龙驹街道办赵沟村，华茂公司投资800万元，流转林地323亩，成立3个贫困户散养鸡专业合作社，吸纳全村贫困户211户691人，以每股2000元入社，人均年保底分红1000元，再加上流转土地和务工收入，户均年增收5300元，2018年就有156户脱贫。截至2019年6月，共有贫困户1497户5055人成为华茂公司股东，每年都获得一定的分红收益。

（2）强化技术培训，增长贫困群众生产技艺。针对贫困户缺资金少技术的实际，华茂公司量体裁衣，为贫困户提供"八统四免"服务，"八统"即统一设计鸡舍、统一供应鸡苗、统一供应饲料、统一程序免疫、统一技术标准、统一保价回收、统一加工销售、统一合作方式，保证没有规模养殖经验的贫困户也能顺利进行养殖，并确保产品质量稳定；"四免"即免费投放鸡苗、免费保险、免费防疫、免费技术培训，尽可能减少贫困户的成本和投入。2019年鸡苗的市场价是2.6元一只，公司提

---

[1] 李冲：《丹凤龙头企业带动农民增收》，《商洛日报》2016年8月12日第2版。

供给养殖户按 1 元一只计算,且鸡苗和饲料都是赊给农户,回收产品鸡时再进行抵扣。丹凤县还通过与华茂公司、省级农业实训基地、民办学校多方合作,开办省级职业农民培训班——豪丰职校职业农民培训班,围绕养鸡大户生产技术需求,切实抓好培训各个环节,进行规范化技术培训,形成了"农业局+民办学校+龙头企业"的职业农民培训模式,并在全省得到积极推广。[①] 众多接受技术培训的贫困群众得到了到华茂公司就业的机会。2016 年以来,累计有贫困人口 141 户 452 人在华茂公司的产业链上就业,人均年收入 2.65 万元。

(3) 降低产业风险,让贫困户"只赚不赔"。降低产业风险是提高贫困人口产业发展意愿,顺利脱贫的保障。一方面,丹凤县政府通过加大资金支持,提升龙头企业抵御风险能力。包括肉鸡在内的六大产业的产业保险保费由县级产业脱贫发展基金补助一部分。2019 年丹凤县进一步制定出台了《丹凤县重点推进六大产业发展支持办法》,用财政专项扶贫资金支持六大产业的龙头企业,每个企业按 100 万元至 500 万元标准进行扶持。同时加大六大产业的龙头产业企业信贷支持力度,由县级产业发展基金按银行贷款总额的 3% 予以贴息支持,连续贴息 3 年,每个企业每年贴息总额不超过 90 万元。另一方面,龙头企业通过订单经验、购买保险等形式提升贫困户抵御风险能力。[②] 华茂公司采取订单形式,对养殖户养殖的肉鸡统一收购,并对每个批次的鸡苗确定收购保护价,保底利润每只鸡 1 元。同时对散养户实行保盈利代销,肉鸡出栏上市时,散养户可根据市场行

[①] 周靖华:《丹凤县大力开展职业农民培训》,2012 年 6 月 12 日,陕西农民专业合作社网,http://www.csxfc.com/2010/html/news/express/2012/0612/22044.html。

[②] 索志锋:《丹凤出台六大产业发展支持办法》,2019 年 2 月 20 日,商洛市人民政府网,http://www.shangluo.gov.cn/info/1057/80628.htm。

情自行销售，自销不畅时由公司代销，且保证一定额度盈利。此外公司出资对贫困户所建鸡棚购买了财产保险。通过社会筹资、公司出资、养殖户集资，设立了风险基金，成立了理事会，对养殖户因疫病、灾害、意外等导致的亏损，经理事会审核通过后即进行赔付。除帮助养殖户填平亏损外，再每只鸡给付0.6元，贴补给养殖户作为生产生活费用。土门镇村民王桂水，2017年养殖的两棚鸡，在即将出栏时突发停电，一夜之间两万多只鸡被闷死了一半多，风险基金赔付了11万元，使他渡过了难关。

3. 启示与思考

脱贫攻坚要强化社会合力。丹凤县以提升龙头企业带贫益贫能力为抓手，发挥其优势，提升贫困群众发展产业的能力，实现稳定脱贫，具有启示意义。

一是要优化服务强扶持、育龙头。农业企业贴近群众，与群众利益直接相联，具有天然的带贫优势，但农业产业投资大、周期长、风险高的特点，决定了企业发展离不开政府强有力的扶持。特别是集中连片贫困地区，普遍存在农业企业规模小、市场竞争能力弱、带贫能力弱的问题。地方政府在积极引进域外有较强竞争能力的大企业的同时，也要瞄准本地有发展潜力、社会责任感强的企业，深化政企合作，给予这类企业更多政策优惠与政策支持，从而切实培育起本地的农业龙头企业，把"柔弱小苗"培育成为"参天大树"，发挥龙头企业在产业发展、脱贫攻坚中的辐射带动作用，增强扶贫产业抵御风险的能力。

二是要多元发展扩渠道、促增收。农业龙头企业要创新产业发展模式，选择多元发展路径、延长产业链条，把企业、养殖大户和合作社联结起来，把千变万化的大市场与千家万户的小生产联结起来，把生产、加工、流通、管理、服务联结起来，通过"公司+合作社+基地+贫困户"等多种形式，才能在提升自身质量效益的同时，实现多种帮扶模式叠加，达到帮扶效果最大化。

三是要创新机制联利益、促共赢。让贫困群众在产业发展中切实受益，才能提升群众持续参与生产的积极性；让企业在带贫中受益，才能提升企业持续带贫的积极性，才能实现企业在持续发展中稳定长效带贫。培育龙头企业带领贫困户发展产业，需要在产业链上寻找精准扶贫切入点，在产业融合发展中把握利益联结点，在产业扶贫过程中挖掘企业赢利点，探索建立多方受益的紧密利益联结机制。发挥好龙头企业的辐射带动作用，坚持企业与群众互利、经济效益与社会效益共赢的原则，充分调动政府、企业、群众各方积极性，才能实现产业壮大、企业发展、群众增收的多赢目的。

四是要探索方式防风险、保长效。贫困户由于资金、技术上的短板，抵抗市场风险能力比一般农户更差，而有效抵御市场风险是稳定脱贫必须要解决的问题。引导农业企业带动贫困人口发展产业，不仅要为他们提供就业岗位、带动发展产业，还要在保证他们收入的持续性和可靠性上做文章。通过保护价收购、专项风险基金等多种措施，建立企业与贫困户在销售环节的紧密联系。持续稳定增收是产业脱贫的关键。要实现脱真贫、真脱贫，在生产发展的同时，还要探索建立多重保障机制，从而让生产发展真正能够帮助贫困群众脱贫致富。

（三）定点扶贫助力丹凤县脱贫的实践及其启示

定点扶贫工作启动于1986年，是中国特色扶贫开发事业的重要组成部分。中央定点扶贫，是指中央和国家机关、民主党派中央和全国工商联、人民团体、参照公务员法管理的事业单位和国有大型骨干企业、国有控股金融机构、国家重点科研院校、军队和武警部队等，根据中央统一部署，与国家扶贫开发工作重点县开展结对帮扶，在资金、物资、技术、人才、项目、信息等方面对结对帮扶县给予倾斜和支持。① 丹凤县是中国社会科学院的定点扶贫县，中国社会科学院自1993年起长期扎实开展丹凤的扶贫帮扶工作。特别是2016年以来，中国社会科学院认真响应中央号召，全员真诚投入，积极发挥自身优势，创新脱贫路径，通过搭建减贫长效平台、培育发展内生动力等一系列举措，扎实有效地推进了丹凤县定点扶贫工作和东炉村包扶工作，取得显著成效，凸显了开展定点扶贫的重要价值。

1. 勇担社会责任，定点扎根扶贫

定点扶贫强调建立扶贫机构与特定贫困地区之间稳定的扶贫关系，不轻易变动扶贫机构与扶贫对象，促进帮扶工作常态化、长效化、机制化。习近平总书记曾就机关企事业单位做好定点扶贫工作作出重要指示，强调党政军机关、企事业单位开展定点扶贫，是中国特色扶贫开发事业的重要组成部分，也是中国政治优势和制度优势的重要体现。② 自1993年起丹凤县就成为中国社会科学院的定点扶贫开发对象，长期以来，中国社会科学院始终坚持结合丹凤县情实际，发挥自身优势资源，开展相关工作。截至2015年，自筹、引资和联系扶贫资金共计1亿余元，实施扶贫项目300余项，③ 助力丹凤减贫。脱贫攻坚战打响以来，中国社会科学院继续积极响应中央号召，勇担社会责任，持续深入开展帮扶工作。

---

① ［扶贫词条］定点扶贫，http：//f.china.com.cn/2017-06/19/content_41055351.htm。

② 《习近平就机关企事业单位做好定点扶贫工作作出重要指示》，《人民日报》（海外版）2015年12月12日第1版。

③ 吕莎：《中国社会科学院在丹凤县定点扶贫工作侧记》，《社科院专刊》2015年总第288期。

2. 发挥单位优势，创新脱贫路径

（1）创新脱贫思路，搭建减贫长效平台。中国社会科学院在定点帮扶中，坚持创新思维与长效追求，在机制平台上下功夫，探索了一系列可持续发挥作用的好办法。一是探索整体工作机制。中国社会科学院不断探索建立了"党组领导抓总、扶贫工作领导小组协调组织、挂职干部和驻村第一书记承担项目第一责任人、院属单位共同发力"[①]的整体工作机制，有效凝聚全单位力量，实现多方协作，推动脱贫项目有效落实。二是创新产业帮扶模式。借鉴孟加拉国"小型借贷"经验，向贫困农户贷款，实行短期、小额、不需担保和抵押的借贷方式，在丹凤县开展在村党支部领导下，集生产经营、村务管理、公益服务于一体的"扶贫互助合作社"试点。"扶贫社"改变了一次贷款，一次还款的传统格局，通过按周分期进行小额还贷，不需担保，解决了贷款发展生产与无力担保、贷不到款的矛盾，提升了贫困人口的产业发展能力。截至2018年年底，丹凤县"扶贫社"共发放2000多万元扶贫贷款，大大降低了当地贫困户的融资成本。三是打造消费扶贫平台。为更好对接产销与供需，帮助贫困县农副产品走出大山，中国社会科学院与中国银行合作，搭建"公益社科院"电商平台，以工会为职工购买节日慰问品的方式，购买丹凤县和江西省上犹县（另一定点帮扶县）农产品。截至2019年12月底，全院各单位线上线下消费共计247万元，有效提升了消费扶贫的脱贫效用。

（2）依托智库资源，培育发展内生动力。中国社会科学院积极发挥自身的智库优势，通过培训调研等多种形式建立专家

---

① 明海英：《发挥智库优势　合力定点攻坚——访中国社会科学院扶贫办主任王晓霞》，2020年1月17日，中国社会科学网，http://www.cssn.cn/zx/bwyc/202001/t20200117_5079500.shtml。

学者与脱贫实践的紧密联系，为干群素质提升与经济社会发展提供支持，培育贫困地区自我发展内生动力。一是扎实开展干群培训。它注重发挥学科门类齐全、学术研究深入、知名学者云集的特点，组织专家有效开展各类培训。通过"社会大讲堂"等多种形式，先后为干部群众作了"解读中央一号文件""中国廉政文化"等各类高品质报告。为丹凤县各级干部和有关学校，赠阅《中国社会科学报》共130份，提升干群认识，拓展干群视野。二是深入发掘地方资源。先后组织农村发展研究所、城市发展与环境研究所、历史研究所和财经战略研究院的专家学者到丹凤县作专题调研，推动商於古道历史文化资源开发利用，推进丹凤旅游业开发。为美丽乡村、特色小镇等城乡发展重点项目出谋划策，丹凤县棣花镇万湾村被命名为全国美丽乡村示范村、全国旅游重点扶持村、全国文明村；竹林关镇桃花谷被命名为国家水利风景区、国家水保科技示范园。① 三是因地制宜发展产业。通过"公司+合作社+贫困户、产供销一条龙"模式发展养鸡业，在龙驹寨镇赵沟村和土门镇龙泉村共扶持100户贫困户、371名贫困人口发展散养鸡，每户贫困户年净收入达到3000元左右；通过依托茶产业公司整合资金和资源，采取"公司+合作社+贫困户、产供销一条龙"模式，扶持贫困户通过种茶、制茶实现脱贫。丹凤县竹林关镇东炉村是典型的深度贫困村，中国社会科学院派出第一书记驻村帮扶，与驻村工作队、村干部一起深入全村调研，根据该村有种植业发展的基础，组建多个专业合作社，推广良种花椒、茶叶种植，发展乡村旅游，实现长中短期产业对贫困人口的有效覆盖。它把电商扶贫作为精准扶贫的有效抓手，指导帮助建立县镇村三级电商服务体系，激发贫困群众创业热情，解决产品销售难题。2018年，

---

① 吕莎：《中国社会科学院在丹凤县定点扶贫工作侧记》，《社科院专刊》2015年总第288期。

丹凤县被确定为国家级电子商务进农村示范县。

（3）关注日常生活，动员全员真诚投入。扶贫工作要"接地气"，切实关心贫困人口的日常生活。中国社会科学院通过基础设施建设、教育扶贫、健康救助等多种举措，切实解决贫困人口面临的生活难题。一是支援基础设施建设。中国社会科学院积极参与到丹凤公路修建、便民桥建设、修缮水毁河堤、修缮危房、建设安全饮水工程等一系列与群众生活密切相关的基础设施建设工程中，如在龙驹寨镇东河村、桃坪乡街坪村等6个乡镇的9个村，共建村组水泥公路5.9千米和村组沙石公路36.1千米，大大便利了当地群众生活。在庾岭镇塔尔村修建水毁河堤2.3千米，使沿河堤路毁而复生，也保护了358户1342名村民的自留地。[①] 二是大力开展教育扶贫。在丹凤县社科希望小学和棣花镇万湾小学分别设立了"社科育才基金"和"优秀师生奖励金"；为蔡川镇九年制学校等各类学校购置教学器材，改善教学条件；并为不同学龄的贫困学生的学业提供资金支持。三是多措实施健康帮扶。中国社会科学院多次组织专家赴丹凤县义诊，帮助解决贫困人口面临的健康问题，为贫困群众送医送药，累计免费发放数万元的药品，并多次针对疑难病例为医护人员授课，开展教学观摩，提升当地医护人员的诊疗技术。四是无私奉献真诚捐助。在扶贫实践中，中国社会科学院全员真诚投入，积极奉献。设计包含随身听、绒毯、雨伞、暖手宝、围巾等物品的"社科爱心包"，送给山区贫困母亲。大量专家学者积极捐款捐物，中国社会科学院原副院长汝信和夫人夏森，多年来积极投入扶贫事业，倾其所能。2013年，夏森同志为"夏森助学基金"捐出100万元。二人已先后捐出近130万元，

[①] 钟代：《党的十八大以来中国社科院在丹凤县定点扶贫工作纪实》，《社科院专刊》2016年总第326期。

帮贫解困，捐资助学。①

3. 中国社会科学院定点扶贫的启示

（1）发挥智库优势，积极创新落实脱贫路径。中国社会科学院在定点扶贫中建立"扶贫社"试点、"公益社科院"电商平台，创新产业扶贫、消费扶贫的有效形式，在通过各类培训提升贫困县干群认识以及通过深入调研运用专业技能为可持续发展建言献策等诸多实践中，体现出高校科研院所在参与脱贫攻坚时要充分地发挥自身智库优势。以自身专业技能作为优势资源，一方面通过理论结合实践，敢于创新，持续探索有效解决贫困问题的新模式、新路径，实现中央政策要求扎实落地；另一方面通过培训等形式，实现优势资源的传递，帮助提升贫困地区干群素质，更好培育内生动力。

（2）坚持定点扶贫，着眼全局系统贫困治理。党的十八大以来，中央和国家机关各部门把定点扶贫工作作为重大政治任务，尽锐出战，担当作为。截至2019年8月，先后选派挂职干部和驻村第一书记1727名，投入和引进帮扶资金713.7亿元，培训基层干部和技术人员64.9万人，购买和帮助销售农产品636.7亿元，助力89个县脱贫摘帽，1.9万个村脱贫出列，1300万贫困人口脱贫。② 机关企事业单位定点扶贫是具有中国特色的脱贫攻坚事业的重要组成部分。脱贫攻坚是一项整体性工程，需要社会各方的积极参与，凝聚各方力量。使机关企事业单位有效、有序、有力地参与到贫困治理之中，发挥行业特点与优势，是完善扶贫工作机制，构建大扶贫格局，实现系统贫困治理的重要一环。脱贫摘帽之后，巩固脱贫成果，制度化

---

① 吕莎：《中国社会科学院在丹凤县定点扶贫工作侧记》，《社科院专刊》2015年总第288期。
② 江琳：《"不忘初心、牢记使命——中央和国家机关定点扶贫工作成果展"展出》，《人民日报》2019年8月17日第2版。

地着力解决相对贫困问题时，同样需要进一步探索机关企事业单位定点长效帮扶的有效路径。

（3）密切校地衔接，立足长远深化互益合作。中国社会科学院定点帮扶丹凤脱贫的实践同样表明，紧密加强科研院所与地方的联系，深化校地合作具有重要价值。一方面，深化校地合作可以提升科研机构的社会责任感，为科研提供更为广阔的实践平台，深化科研院所对基层、实践与国情的认识，实现科学研究与实践的紧密衔接，真正实现将科研"做在大地上"，发挥科学研究的更大效用。另一方面，科研机构通过自身优势与资源的有效发挥，可以成为服务地区经济社会发展的"思想库""智囊团"，从更广阔的视野为地方经济社会发展提供新思路、注入新活力。在推进国家治理体系与治理能力现代化的探索实践中，要不断探索建立校地互益合作的可行路径与有效模式。

（四）丹凤积极探索脱贫攻坚与农村低保有效衔接

中国的贫困治理是依靠扶贫开发与农村最低生活保障双轮驱动，而如何实现脱贫攻坚与农村低保两项制度的有效衔接，是贫困治理进程中需要不断探索的重要问题之一。在贫困治理实践中，商洛市在"十二五"时期就奉献了有效落实两项制度衔接的全国经验。脱贫攻坚战打响以来，丹凤县在已有经验基础上，将两项制度衔接不断完善升级，取得显著成效，凝聚起了扶贫资源的合力，对于推进国家治理现代化具有启发意义。

1. 实践背景：作为反贫困重要举措的两项制度

2007年7月11日，《国务院关于在全国建立农村最低生活保障制度的通知》（国发〔2007〕19号）印发，这标志着中国农村扶贫工作进入了低保救助制度和扶贫开发政策"两轮驱动"的新阶段。农村低保从制度上是为了保障贫困群众的生存问题,扶贫开发更为重要的是为了解决贫困地区和贫困群众的发展问题。从政策取向来讲二者具有一定区别,但从保障和改善民生的总体目标来讲,二者是完全一致的。[①] 在实践中,由于两项制度有不同的制度形成路径,在实践层面分别由两个部门执行,有不同的识别标准、方法和程序,覆盖了不同数量、不同特征的贫困人口,交叉吻合覆盖的程度不高,[②] 如果不能实现两项制度的有效衔接,会对扶贫资源的有效利用、扶贫工作的有序推进造成阻滞。党的十七届三中全会指出,"实现农村最低生活保障制度和扶贫开发政策有效衔接"。2010年5月7日,《国务院办公厅转发扶贫办等部门关于做好农村最低生活保障制度和扶贫开发政策有效衔接扩大试点工作意见的通知》(国办发〔2010〕31号)印发,两项制度衔接的试点工作得到有力推进。脱贫攻坚战打响以来,农村最低生活保障兜底作为"社会保障兜底脱贫"一批的重要组成部分,对于解决最困难人口贫困问题发挥巨大作用。2016年9月17日,《国务院办公厅转发民政部等部门关于做好农村最低生活保障制度与扶贫开发政策有效衔接指导意见的通知》(国办发〔2016〕70号),强调"切实做好农村最低生活保障制度与扶贫开发政策有效衔接工作,确保到2020年现行扶贫标准下农村贫困人口实现脱贫",[③] 对两项制度衔接提出了更高要求。

---

① 向阳生:《扶贫开发与农村低保制度的有效衔接及评估与改革》,《贵州社会科学》2013年第12期。

② 左停、贺莉:《制度衔接与整合:农村最低生活保障与扶贫开发两项制度比较研究》,《公共行政评论》2017年第3期。

③ 《国务院办公厅转发民政部等部门关于做好农村最低生活保障制度与扶贫开发政策有效衔接指导意见的通知》(国办发〔2016〕70号)。

2. 丹凤探索：不断完善脱贫政策与低保政策的有效衔接

对标中央要求，丹凤县积极发挥地方能动性，在"十二五""十三五"期间均在实践中进行了两项制度衔接的有效探索，并产生积极影响。

（1）"十二五"时期积极探索奉献全国经验。农村最低生活保障制度和扶贫开发政策有效衔接试点工作开始以来，商洛市在实践中积极探索，在"十二五"时期就形成了系统而有效的经验。在实践中丹凤县按照"瞄准穷人、一户一策"的要求明确了"前期准备、识别确认、建档立卡、落实政策"四个阶段，细化了"确定识别指标、成立评议小组、户主申请、入户识别、民主评议、审核审批、登记录入、制定落实政策"八个步骤的规范操作。同时结合开展工作的实际情况，探索形成了由村民代表按贫富状况由低到高顺序确定低收入户的"低收入户排序法"，以及以"居住多层楼房或购置商品房的家庭不列入、拥有机动车辆和大型农机具的家庭不列入、有固定工作和稳定收入的家庭不列入、有财政供养人员的家庭不列入、日常消费明显高于当地平均水平的家庭不列入、长期雇工从事生产经营活动的家庭不列入"为衡量标准的"六不列入"法。[①] 2011年8月，全国两项制度有效衔接工作现场会在商洛召开，来自全国的上百名与会代表深入丹凤县涧子村和油房街村，参观了两项制度有效衔接试点的实施情况，使实践上升为全国经验，产生了更为积极的作用。

（2）"十三五"时期不断完善实现优化升级。2016年以来，社会保障兜底脱贫一批成为中央"五个一批"的重要组成部分。

[①] 张力宏：《我市两项制度有效衔接工作成为全国扶贫经验》，2011年8月19日，商洛市人民政府网，http：//www.shangluo.gov.cn/info/1054/3949.htm。

丹凤县在既有基础上，进一步推进两项制度的有效衔接，把建档立卡贫困户中因病、因残、因灾，无劳动力、无法通过产业就业等措施脱贫的，全部纳入兜底保障对象和救助范围，进一步实现精准施保。这使农村低保在解决绝对贫困中更有效地瞄准帮扶贫困人口，发挥更好的作用。

丹凤县进一步厘清兜底脱贫中镇（办）审核主体责任、县民政局审批主体责任、行业部门协同监管责任和村级组织协助配合责任"四级责任"，严格落实政策执行、审核程序、民主评议、审批公示、资金发放、档案管理六个关键环节"六个规范"的要求，[1]采取"谁包村、谁负责，谁调查、谁签字"的模式，将低保、五保申请审核审批办理流程和保障对象照片、基本信息挂牌上墙。同时进一步强化监管过程，镇办对兜底对象常态化调查，100%入户，县民政部门对不少于30%的兜底对象进行入户抽查，并动员群众更好地参与监督，[2]进一步解决低保落实不精准的问题。

同时，为进一步加强信息化技术的运用，以信息手段降低工作成本，提升瞄准的准确性与动态性，丹凤县探索建立居民家庭经济状况信息核对管理平台，按需核定的指标体系，与工商登记、工资发放、车辆管理、养老保险、公益岗位、税务管理等职能部门实行信息资源共享，采取"上对下核"的办法进行筛查比对，准确地判定申请人家庭的经济收入、财产状况、人员结构等信息，自动生成核查结果，形成核查报告，[3]并根据

---

[1] 王舒：《丹凤县筑牢兜底脱贫保障网》，2017年11月30日，丹凤县人民政府网，http://www.danfeng.gov.cn/xwzx/dfyw/18363.htm。

[2] 刘春英、屈涛、李锋：《丹凤探索"五个一五解决"机制实施兜底脱贫》，2017年9月14日，搜狐网，https://www.sohu.com/a/192199259_100000034。

[3] 樊利仁、冯永发：《筑牢兜底保障防线 不让困难群体掉队——脱贫攻坚的丹凤实践系列报道》，2018年8月3日，搜狐网，https://www.sohu.com/a/245079338_100000034。

核查结果及时对低保识别进行规范调整，推进应保尽保、应退尽退的实现。截至 2019 年 11 月，丹凤县共纳入农村低保 5013 户 13616 人，同比新增 1735 户 3816 人，困难群众保障率提高到 5.55%。①

3. 经验与启示：推进协同治理，激发地方活力

（1）合力脱贫攻坚，达致系统脱贫。扶贫绝不仅是某个部门的责任，也绝不是某个单项的扶贫政策能够独立解决的，制度的衔接在扶贫过程中居于重要的地位。② 脱贫攻坚是一项系统性工程，离不开多个主体的有效参与与深入合作，涉及大量的公共政策实施。要真正构建起大扶贫格局，凝聚脱贫攻坚的合力，就要理顺不同部门、不同主体、不同公共政策之间的关系，实现不同扶贫政策之间的有效衔接，避免"政策打架"，使脱贫工作高效、有序。

（2）推进制度衔接，实现协同治理。两项制度衔接凸显了精准化、差异化的扶贫理念，标志着中国农村贫困治理范式的进一步转变。③ 不仅在贫困治理领域，在整体的社会治理乃至国家治理之中，制度衔接的问题同样会产生重要影响，如城乡居民基本医疗保险与医疗救助的制度衔接、环境影响评价与排污许可的制度衔接等，在整体国家治理中，理顺不同行业部门、不同公共政策之间的关系，推进公共政策之间的有效衔接，实现协同治理的治理格局，对于提升治国理政水平具有重要意义。

---

① 韩建军、李峰、何立刚：《丹凤县织密"保障网"让贫困群众过上幸福生活》，2019 年 11 月 18 日，商洛新闻网，http://www.sxsl-news.com/pc/index/article/76213。

② 郑杭生、李棉管：《中国扶贫历程中的个人与社会——社会互构论的诠释理路》，《教学与研究》2009 年第 6 期。

③ 向德平、刘欣：《构建多元化反贫困政策：农村低保与扶贫开发政策的有效衔接》，《社会工作与管理》2014 年第 3 期。

（3）激发地方活力，实践积累经验。在"中央统筹、省负总责、市县抓落实"的贫困治理体系下，中国的贫困治理很大程度上依靠"高位推动"，由中央出台政策指导地方脱贫实践。在严格落实中央政策的基础上，需要有效地激发地方活力，因为不同地区面临的实际条件有较大差异，政策实施中如何解决所引发的问题，如何使政策最大限度地发挥积极作用，需要基层一线工作者的智慧与扶持付出。在贫困治理乃至整体的国家治理实践中，要激发制度活力，不断激活地方经验，鼓励基层在实践中探索创新，并通过有效的机制与形式，将地方探索的好经验、好做法进行有效的提炼与推广，形成制度合力，进而推进国家治理现代化的发展。

结语　从脱贫攻坚迈向乡村振兴

习近平总书记指出，如期打赢脱贫攻坚战，中华民族千百年来存在的绝对贫困问题，将在我们这一代人的手里历史性地得到解决。① 脱贫摘帽不是终点，而是新生活、新奋斗的起点。要针对主要矛盾的变化，理清工作思路，推动减贫战略和工作体系平稳转型，统筹纳入乡村振兴战略，建立长短结合、标本兼治的体制机制。② 中国将持续激发欠发达地区和农村低收入人口发展的内生动力，通过解决相对贫困问题以及实施乡村振兴战略，争取早日实现共同富裕。

（一）从秦巴山区实践看中国脱贫

山区是精准扶贫的主战场，秦巴山区是脱贫攻坚的难点之一。贫困面大、贫困人口多、贫困程度深的陕西商洛曾经是陕西脱贫攻坚任务最为艰巨的地区。从前文可知，脱贫攻坚是时代要求和历史使命；改革开放以来，特别是党的十八大以来，秦巴山区为打赢脱贫攻坚战、全面建成小康社会而攻坚克难、精准施策并取得历史性成就。2018 年 9 月，陕西省人民政府批

---

① 习近平：《在打好精准脱贫攻坚战座谈会上的讲话》，《求是》2020 年第 9 期。
② 习近平：《在决战决胜脱贫攻坚座谈会上的讲话》，《人民日报》2020 年 3 月 7 日第 2 版。

准延长、横山、定边、佛坪4个县（区）脱贫摘帽，退出贫困县序列。其中，地处秦巴山区的佛坪县成为陕南地区第一个率先摘帽的贫困县。2019年5月7日，陕西省人民政府发布《关于周至县等23个县脱贫退出的公告》①，汉中市留坝县、安康市镇坪县和商洛市镇安县位列其中，其中镇安县不仅是商洛市首个摘掉贫困帽的县区，也是陕西省11个深度贫困县率先脱贫摘帽的县区。2020年2月27日，《陕西省人民政府关于同意铜川市印台区等29个县（区）脱贫退出的批复》（陕政函〔2020〕22号）印发，汉中市南郑区、城固县、洋县、勉县、西乡县、略阳县、镇巴县、宁强县，安康市汉滨区、平利县、旬阳县、石泉县、紫阳县、白河县、汉阴县、宁陕县、岚皋县，商洛市商州区、洛南县、山阳县、丹凤县、商南县、柞水县，全部达到国家规定的贫困县退出标准。至此，陕西汉中、安康、商洛3个市的27县区全部实现脱贫摘帽。这些标志着陕西秦巴山区历史性地实现贫困县"清零"。与此同时，地处河南、湖北、重庆的秦巴山区县以及甘肃省陇南市的武都区、文县、康县、成县、徽县、两当县2019年底均实现脱贫摘帽，甘肃省陇南市的宕昌县、礼县、西和县也将于2020年年底实现脱贫摘帽。

从本报告前面的内容可以发现，在贫困治理进程中，秦巴山区坚持以脱贫攻坚统揽经济社会发展全局，各级政府上下聚焦"两不愁三保障"，全面落实"八个一批""六个精准"要求，全力以赴攻克深度贫困堡垒。贫困地区基本生产生活条件明显改善，贫困群众收入水平大幅度提高，贫困地区经济社会发展也明显加快。通过抓党建促脱贫攻坚，贫困地区基层组织得到加强，基层干部本领明显提高，巩固了党在农村的执政基础。截至2019年年底，商洛市贫困人口已经减少到1.53万人，

---

① 《关于周至县等23个县脱贫退出的公告》，2019年5月7日，陕西省人民政府网，http://www.shaanxi.gov.cn/gk/zfgg/139020.htm。

贫困发生率控制在1.3%；2016—2019年安康市累计减少贫困人口54.83万人，贫困发生率从2016年年初的23.5%下降至目前的1.3%；截至2019年年底，汉中市64.5万人摆脱了贫困，贫困发生率下降至0.9%，出色地完成了"打赢脱贫攻坚战"这份时代考卷。

秦巴山区的脱贫攻坚实践及成效，是中国摆脱贫困的一个缩影。脱贫攻坚是中国共产党领导中国人民积极探索、勇于实践而积累起来的一条具有中国特色的消除贫困、治理贫困的道路。中国脱贫攻坚经验至少体现在以下方面。

第一，坚持党的集中统一领导，是中国脱贫攻坚取得成功的根本保证。中国共产党是当代中国的领导核心。东西南北中，党政军民学，党是领导一切的。中国共产党始终坚持将消除贫困、改善民生、实现共同富裕作为社会主义本质要求，将全心全意为人民谋幸福作为自己的初心和历史使命。"脱贫攻坚，加强领导是根本。必须坚持发挥各级党委总揽全局、协调各方的作用，落实脱贫攻坚一把手负责制，省市县乡村五级书记一起抓，为脱贫攻坚提供坚强政治保证。"[①] 发挥党的领导政治优势，依靠党的坚强领导，发挥党组织的核心作用，保障了脱贫攻坚的顺利开展。从秦巴山区的脱贫实践来看，在这场艰苦卓绝的伟大战役中，党的领导始终站立在攻坚前哨，党的旗帜始终飘扬在攻坚前沿，党的基因始终渗透攻坚全程，"党建+"系统思维成为秦巴山区各级党组织践行初心使命，讲政治、接地气的最佳方式方法，红色基因激发无穷战斗力。坚持党对脱贫攻坚的绝对领导，是中国共产党自身优势所决定的。中国共产党具有强大的政治动员能力和优势，能够迅速高效地动员起各方力量、各种资源，集中力量打歼灭战，啃下脱贫攻坚中的那

---

① 中共中央党史和文献研究院编：《习近平扶贫论述摘编》，中央文献出版社2018年版，第50页。

些"老大难""硬骨头",达成脱贫攻坚的目标。

第二,坚持中国特色社会主义制度的显著优势,是脱贫攻坚取得成功的关键。"扶贫开发是全党全社会的共同责任,要动员和凝聚全社会力量广泛参与。"① 中国立足国情,充分发挥社会主义制度集中力量办大事的优势,运用"党的领导、政府主导、社会参与"的工作机制,将脱贫攻坚纳入国家整体战略,形成跨部门、跨地区、跨行业、全社会多元主体共同参与的脱贫攻坚体系,集中必要的人力、物力、财力、智力,勠力同心,上下同行,开辟出一条中国特色的脱贫攻坚之路,形成立足中国国情的社会主义贫困治理实践创新成果。

第三,坚持精准方略和扶贫扶志相结合,是脱贫攻坚取得成功的有效途径。中国脱贫攻坚之所以能够取得成功,一个重要的因素就是按照习近平总书记所提出的,坚持了"扶贫对象精准、措施到户精准、项目安排精准、资金使用精准、因村派人(第一书记)精准、脱贫成效精准"的"六个精准"的脱贫攻坚基本方略,建立起了精准的脱贫攻坚工作体系,解决了"扶持谁""谁来扶""怎么扶"等一系列问题。习近平总书记指出,扶贫开发成败系于精准,要找准"穷根"、明确靶向,量身定做、对症下药,真正扶到点上、扶到根上。② 不仅注重"输血",还要重视"造血"。充分发挥市场在贫困治理中配置资源、吸引资本、激发活力上的积极作用。贫困群众是扶贫攻坚的对象,更是脱贫致富的主体。③ 坚持扶志扶智扶技相结合,教育扶贫、医疗扶贫、电商扶贫、旅游扶贫、项目扶贫、资产扶贫、

---

① 中共中央党史和文献研究院编:《习近平扶贫论述摘编》,中央文献出版社2018年版,第99页。

② 中共中央党史和文献研究院编:《习近平扶贫论述摘编》,中央文献出版社2018年版,第72页。

③ 中共中央党史和文献研究院编:《十八大以来重要文献选编》(下),中央文献出版社2018年版,第37页。

光伏扶贫等多种模式并举，通过市场的力量将贫困户有限的资源转化为资产，"授贫困者以渔"，有效激发贫困地区和贫困户脱贫攻坚的内生力量。

第四，坚持改革、发展与减贫相结合，是脱贫攻坚取得成功的基础。改革开放是强国之路，也是脱贫攻坚之路。中国的改革开放焕发出了巨大红利，使得经济保持了快速增长，国家财政收入逐年雄厚，为脱贫攻坚奠定了坚实的物质基础。一方面政府扩大了贫困地区的投资，大大改善了贫困地区的基础设施条件，为贫困地区的贫困人口脱贫致富创造了条件；另一方面政府有财力加大对贫困地区的转移支付，增加贫困地区的公共产品和公共服务供给，为脱贫攻坚提供了保障。正是因为经济的发展、综合国力的增强，使得人民福祉不断增进，在幼有所育、学有所教、劳有所得、病有所医、老有所养、住有所居、弱有所扶等方面，国家基本公共服务制度体系不断完善，贫困地区的普惠性、基础性、兜底性民生建设得到加强，人民多层次多样化需求得到保障，脱贫攻坚的成果得到巩固。

（二）从摆脱绝对贫困到解决相对贫困

摆脱贫困，是古今中外治国安邦的大事。中国坚持走共同富裕的道路，实现贫困地区整体脱贫、全面脱贫。中国脱贫攻坚的成功实践进一步坚定了中国特色社会主义的道路自信、理论自信、制度自信和文化自信，也给世界上那些既希望加快发展又希望保持自身独立性的国家和民族提供了一种崭新的选择。

目前中国所解决的只是农村绝对贫困问题（即按2010年不变价的每人每年2300元，以"两不愁、三保障"为扶贫标准）。从现实来看，巩固脱贫成果还有一定的难度。在已经摆脱贫困的地区和人口中，有的产业基础还比较薄弱，有的产业项目还存在同质化现象，有的就业还不够稳定，有的政策性收入占比还较高。有的已脱贫人口存在返贫风险,边缘人口中还存在致贫风险。移民搬迁的"搬得出"问题基本解决,但是要实现稳得住、有就业、逐步能致富的目标,还需要付出努力。

中国对退出的贫困县、贫困村、贫困人口,将保持现有帮扶政策总体稳定,扶上马送一程。习近平总书记强调,贫困乡亲脱贫是第一步,接下来要确保乡亲们稳定脱贫,扶贫政策和扶贫队伍要保留一段时间,从发展产业、壮大集体经济等方面想办法、找出路,让易地扶贫搬迁的群众留得住、能就业、有收入,日子越过越好。[①] 同时严格落实"四个不摘"(摘帽不摘责任、摘帽不摘政策、摘帽不摘帮扶、摘帽不摘监管)要求,统筹推进贫困村与非贫困村、脱贫户与非贫困户均衡发展,坚持工作力度不减、资金投入不减、政策支持不减、帮扶力度不减、督察考核不减,持续抓好贫困人口清零、巩固脱贫成果、夯实发展基础、加强基础设施管护、强化易地搬迁后续管理、持续改善生产生活条件等工作,确保现行标准下农村贫困人口全部脱贫,确保脱贫攻坚成果经得起历史和人民的检验。

在彻底解决绝对贫困之后,中国还将接续推进相对贫困问题的解决。党的十九届四中全会明确提出"坚决打赢脱贫攻坚战,巩固脱贫攻坚成果,建立解决相对贫困的长效机制"。这为2020年后的脱贫工作指明了方向,也标志着中国脱贫攻坚的重心将从消除绝对贫困转向解决相对贫困。

在全面完成脱贫攻坚任务的基础上,中国将进入后脱贫时代。中国将推动扶贫工作从主要解决收入贫困向统筹解决支出型贫困、能力贫困转变,从单独依靠"三农"资源向统筹城乡资源共同推进扶贫开发转变,从主要依靠政府推动向构建政府、

[①] 《习近平在甘肃考察时强调 坚定信心开拓创新真抓实干 团结一心开创富民兴陇新局面》,2019年8月22日,新华网,http://www.xinhuanet.com/2019-08/22/c_1124909349.htm。

社会、自身相结合的新型减贫治理格局转变，建立健全解决相对贫困的长效机制，进而推动社会进步。

（三）从打赢脱贫攻坚战到实现乡村振兴

脱贫攻坚是乡村振兴的前提和基础，乡村振兴是脱贫攻坚的升级版。中国减贫方案和减贫成就得到国际社会普遍认可。按世界银行每人每天1.9美元的国际贫困标准，中国对全球减贫的贡献率超过70%，是世界上减贫人口最多的国家，也是世界上率先完成联合国千年发展目标中减贫目标的国家。2020年脱贫攻坚任务完成后，中国将有1亿左右贫困人口实现脱贫，提前10年实现联合国2030年可持续发展议程的减贫目标，世界上没有哪一个国家能在这么短的时间内帮助这么多人脱贫，这对中国和世界都具有重大意义。国际社会对中国减贫事业高度赞扬。联合国秘书长古特雷斯（Guterres）表示，精准扶贫方略是帮助贫困人口实现2030年可持续发展议程设定的宏伟目标的唯一途径，中国的经验可以为其他发展中国家提供有益借鉴。在共建"一带一路"国际合作中，许多发展中国家希望分享中国减贫经验。[①]

中国共产党领导的中国特色社会主义事业是一项宏伟的蓝图。"一张蓝图画到底"，坚持不懈，持续努力。中国还将接续推进全面脱贫与乡村振兴有效衔接。这是因为脱贫摘帽不是终点，而是新生活、新奋斗的起点。消除绝对贫困是秦巴山区发展阶段中的一个片段。全面建成小康社会，也只是秦巴山区发展长河中的一朵浪花。党的十九大报告指出，农业农村农民问题是关系国计民生的根本性问题，必须始终把解决好"三农"

[①] 习近平：《在决战决胜脱贫攻坚座谈会上的讲话》，《人民日报》2020年3月7日第2版。

问题作为全党工作的重中之重,实施乡村振兴战略。乡村振兴最后的标志是什么?如果从社会形态上讲,秦巴山区可持续、可宜居,文化与文明同步走,对外具有消费优势或吸引力;从经济形态上讲,经济稳定增长、可持续增长,发展与环境友好,生态经济成为区域高地。这种经济形态就能够稳定保持秦巴山区的繁荣富强,有效破解来自经济社会发展中的问题。有效发展秦巴山区的文化,促使秦巴山区的社会形态文明化最优。在两个"百年目标"建设中,秦巴山区能够走前列、争上游。此外,针对减贫主要矛盾的变化,中国将进一步理清工作思路,推动减贫战略和工作体系平稳转型,统筹纳入乡村振兴战略,建立长短结合、标本兼治的体制机制。从而更好地激发欠发达地区和农村低收入人口发展的内生动力,解决相对贫困,促进逐步实现共同富裕。

展望未来,中国将立足破解二元结构,创新城乡统筹减贫机制。2020年4月,习近平总书记在陕西考察时指出,脱贫摘帽不是终点,而是新生活、新奋斗的起点。接下来要做好乡村振兴这篇大文章,推动乡村产业、人才、文化、生态、组织等全面振兴。[①] 中国的乡村振兴工作必将如火如荼开展。中国将继续深化扶贫改革探索,改革农村集体产权制度,完善农村土地管理制度,盘活用好农村资产,激发农村发展活力。更新人才下乡政策,号召更多年轻人和社会资源到农村创业、就业,带动农业创新发展。与此同时,中国将立足乡村治理新要求,创新减贫治理模式。按照健全党组织领导的自治、法治、德治相结合的乡村治理体系,发挥群众主体作用,提升乡村治理能力的要求,突出抓好党建扶贫促攻坚,实施"头雁工程",培育致富带头人。

---

① 《扎实做好"六稳"工作落实"六保"任务 奋力谱写陕西新时代追赶超越新篇章》,《陕西日报》2020年4月24日第2版。

乡村振兴工作进入常态化后，将更加注重引入市场、企业和农民及社会力量全面投入到乡村振兴的长期工作中。加强村民自治组织、集体经济组织、农民合作组织和各种社会服务组织建设，完善以党组织为核心的村级基层组织体系。采取各种形式发展壮大集体经济，增加集体收入，提高村级组织的公共服务能力。"产业兴旺、生态宜居、乡风文明、治理有效、生活富裕"的美丽乡村画卷将徐徐展开，并将贡献乡村振兴的中国智慧！

主要参考文献

边慧敏、张玮、徐雷：《连片特困地区脱贫攻坚与乡村振兴协同发展研究》，《农村经济》2019年第4期。

曹军会、何得桂、朱玉春：《农民对精准扶贫政策的满意度及影响因素分析》，《西北农林科技大学学报》（社会科学版）2017年第4期。

陈希勇：《山区产业精准扶贫的困境与对策——来自四川省平武县的调查》，《农村经济》2016年第5期。

党国英：《贫困类型与减贫战略选择》，《改革》2016年第8期。

党国英：《关于乡村振兴的若干重大导向性问题》，《社会科学战线》2019年第2期。

邓维杰：《精准扶贫的难点、对策与路径选择》，《农村经济》2014年第6期。

豆书龙、叶敬忠：《乡村振兴与脱贫攻坚的有机衔接及其机制构建》，《改革》2019年第1期。

高飞、向德平：《社会治理视角下精准扶贫的政策启示》，《南京农业大学学报》（社会科学版）2017年第4期。

郭苏建、王鹏翔：《中国乡村治理精英与乡村振兴》，《南开学报》（哲学社会科学版）2019年第4期。

何得桂：《治理贫困——易地搬迁与精准扶贫》，知识产权出版社2017年版。

何得桂、党国英、杨彦宝：《集中连片特困地区精准扶贫的结构性制约及超越——基于陕南移民搬迁的实证分析》，《地方治理研究》2016 年第 1 期。

何得桂、党国英：《西部山区易地扶贫搬迁政策执行偏差研究——基于陕南的实地调查》，《国家行政学院学报》2015 年第 6 期。

何得桂：《山区避灾移民搬迁政策执行研究：陕南的表述》，人民出版社 2016 年版。

何得桂：《摆脱贫困：记述陕西易地扶贫搬迁》，知识产权出版社 2018 年版。

何得桂等：《告别贫困——陕南移民搬迁与精准扶贫纪实》，西安地图出版社 2019 年版。

何得桂、徐榕、高建梅：《打赢脱贫攻坚战基层干部群众读本》，知识产权出版社 2019 年版。

何得桂、徐榕：《贫困治理进程中的基层组织建设维度——以习近平总书记关于扶贫开发的重要论述为基点》，《辽宁行政学院学报》2019 年第 3 期。

何得桂、张硕：《全面脱贫视域下乡村治理的实践检视与国家整合》，《河南师范大学学报》（哲学社会科学版）2019 年第 4 期。

黄承伟：《党的十八大以来脱贫攻坚理论创新和实践创新总结》，《中国农业大学学报》（社会科学版）2017 年第 5 期。

黄承伟：《激发内生脱贫动力的理论与实践》，《广西民族大学学报》（哲学社会科学版）2019 年第 1 期。

黄承伟：《论习近平新时代中国特色社会主义扶贫思想》，《南京农业大学学报》（社会科学版）2018 年第 3 期。

黄承伟：《实现高质量脱贫的"四个坚持"和"三个并重"》，《人民论坛》2018 年第 21 期。

黄承伟：《中国扶贫开发道路研究：评述与展望》，《中国农业大学学报》（社会科学版）2016 年第 5 期。

黄锡生、何江：《论生态文明建设与西部扶贫开发的制度对接——以生态补偿为"接口"的考察》，《学术论坛》2017年第1期。

李博、左停：《遭遇搬迁：精准扶贫视角下扶贫移民搬迁政策执行逻辑的探讨——以陕南王村为例》，《中国农业大学学报》（社会科学版）2016年第2期。

李小云、吴一凡、武晋：《精准脱贫：中国治国理政的新实践》，《华中农业大学学报》（社会科学版）2019年第5期。

李小云、苑军军、于乐荣：《论2020后农村减贫战略与政策：从"扶贫"向"防贫"的转变》，《农业经济问题》2020年第2期。

李雪萍：《反脆弱发展：连片特困地区贫困治理的新范式》，《华中师范大学学报》（人文社会科学版）2016年第3期。

陆汉文：《东西部扶贫协作与中国道路》，《人民论坛·学术前沿》2019年第21期。

陆汉文：《激发贫困人口内生发展动力》，《中国社会科学报》2017年12月15日第5版。

刘合光：《精准扶贫与扶志、扶智的关联》，《改革》2017年第12期。

刘建生、陈鑫、曹佳慧：《产业精准扶贫作用机制研究》，《中国人口·资源与环境》2017年第6期。

刘永富：《以习近平总书记扶贫重要论述为指导坚决打赢脱贫攻坚战》，《行政管理改革》2019年第5期。

刘明月、冯晓龙、汪三贵：《易地扶贫搬迁农户的贫困脆弱性研究》，《农村经济》2019年第3期。

刘伟、徐洁、黎洁：《易地扶贫搬迁农户生计适应性研究——以陕南移民搬迁为例》，《中国农业资源与区划》2018年第12期。

吕方、程枫、梅琳：《县域贫困治理的"精准度"困境及其反思》,《河海大学学报》(哲学社会科学版) 2017 年第 2 期。

史玉成:《生态扶贫:精准扶贫与生态保护的结合路径》,《甘肃社会科学》2018 年第 6 期。

万君、张琦:《"内外融合":精准扶贫机制的发展转型与完善路径》,《南京农业大学学报》(社会科学版) 2017 年第 4 期。

万君、张琦:《区域发展视角下我国连片特困地区精准扶贫及脱贫的思考》,《中国农业大学学报》(社会科学版) 2016 年第 5 期。

汪三贵、冯紫曦:《脱贫攻坚与乡村振兴有机衔接:逻辑关系、内涵与重点内容》,《南京农业大学学报》(社会科学版) 2019 年第 5 期。

汪三贵、胡骏:《从生存到发展:新中国七十年反贫困的实践》,《农业经济问题》2020 年第 2 期。

汪三贵、刘明月:《健康扶贫的作用机制、实施困境与政策选择》,《新疆师范大学学报》(哲学社会科学版) 2019 年第 3 期。

汪洋:《紧紧围绕精准扶贫精准脱贫 深入推进脱贫攻坚》,《行政管理改革》2016 年第 4 期。

王瑜、汪三贵:《农村贫困人口的聚类与减贫对策分析》,《中国农业大学学报》(社会科学版) 2015 年第 2 期。

王雨磊:《数字下乡:农村精准扶贫中的技术治理》,《社会学研究》2016 年第 6 期。

王志章、刘天元:《连片特困地区农村贫困代际传递的内生原因与破解路径》,《农村经济》2016 年第 5 期。

吴靖南:《乡村旅游精准扶贫实现路径研究》,《农村经济》2017 年第 3 期。

吴新叶、牛晨光:《易地扶贫搬迁安置社区的紧张与化解》,《华南农业大学学报》(社会科学版) 2018 年第 2 期。

吴国宝:《改革开放 40 年中国农村扶贫开发的成就及经验》,

《南京农业大学学报》（社会科学版）2018年第6期。

吴国宝：《创新扶贫治理，遏制扶贫造假》，《人民论坛》2017年第10期。

吴国宝：《东西部扶贫协作困境及其破解》，《改革》2017年第8期。

武丽娟、李定：《精准扶贫背景下金融资本对农户增收的影响研究——基于内部收入分层与区域差异的视角》，《农业技术经济》2019年第2期。

习近平：《摆脱贫困》，福建人民出版社1992年版。

习近平：《习近平谈治国理政》（第1卷），外文出版社2014年版。

习近平：《习近平谈治国理政》（第2卷），外文出版社2017年版。

习近平：《在深度贫困地区脱贫攻坚座谈会上的讲话》，人民出版社2017年版。

习近平：《在打好精准脱贫攻坚座谈会上的讲话》，《求是》2020年第9期。

习近平：《在决战决胜脱贫攻坚座谈会上的讲话》，《人民日报》2020年3月7日第2版。

习近平：《之江新语》，浙江人民出版社2018年版。

徐虹、王彩彩：《乡村振兴战略下对精准扶贫的再思考》，《农村经济》2018年第3期。

徐勇：《激发脱贫攻坚的内生动力》，《人民日报》2016年1月11日第7版。

杨艳琳、袁安：《精准扶贫中的产业精准选择机制》，《华南农业大学学报》（社会科学版）2019年第2期。

袁明宝：《扶贫吸纳治理：精准扶贫政策执行中的悬浮与基层治理困境》，《南京农业大学学报》（社会科学版）2018年第3期。

张蓓:《以扶志、扶智推进精准扶贫的内生动力与实践路径》,《改革》2017年第12期。

张利明、方帅等:《东平攻坚:以产权改革攻克决胜阶段难题》,社会科学文献出版社2019年版。

张玉强、李祥:《我国集中连片特困地区精准扶贫模式的比较研究——基于大别山区、武陵山区、秦巴山区的实践》,《湖北社会科学》2017年第2期。

中共中央党史和文献研究院编:《十八大以来重要文献选编》(上),中央文献出版社2014年版。

中共中央党史和文献研究院编:《十八大以来重要文献选编》(下),中央文献出版社2018年版。

中共中央党史和文献研究院编:《习近平扶贫论述摘编》,中央文献出版社2018年版。

中共中央党史和文献研究院编:《习近平关于"三农"工作论述摘编》,中央文献出版社2019年版。

后　　记

在中国脱贫攻坚即将取得全面胜利的背景下，认真总结研究党的十八大以来打赢脱贫攻坚战的主要做法、实践创造和基本经验，并对脱贫攻坚如何对接乡村振兴等问题展开探讨，具有重要的理论价值、时代价值和现实意义。

本书是集体合作的成果，作者包括何得桂、姚桂梅、徐榕、武雪雁、刘翀、公晓昱、李玉、高建梅、李莹、陶钰。感谢中国非洲研究院、陕西省社科联和陕西省扶贫办的大力支持！感谢中国社会科学出版社的高效工作！

何得桂

2020 年 5 月 5 日

何得桂，1982年生，福建尤溪人，管理学博士，西北农林科技大学副教授、公共管理系主任、研究生导师，主要从事公共政策与地方治理研究，系中国社会学会移民社会学专业委员会理事、中国社会保障学会会员、陕西省政治学会常务理事、陕西健康扶贫专家咨询委员会秘书长、当代陕西研究会理事、陕西省经济学学会理事，主持完成国家社科基金项目等纵向课题以及地方政府委托项目等课题20余项，多项成果获省部级领导以及国家领导人的肯定性批示并被相关部门采纳、应用，获省部级科研奖4项。

姚桂梅，中国社会科学院中国非洲研究院（西亚非洲研究所）经济研究室研究员、南非研究中心主任，中国社会科学院大学（研究生院）硕士生导师，美国伊利诺伊大学非洲研究中心访问学者，中国社会科学院创新工程项目《中国对非洲投资战略研究》和《中国与非洲产能合作重点国家研究》首席研究员。主要研究方向为发展经济学，从事非洲经济、地区经济一体化、中国与非洲经贸关系等问题研究三十余载，主持和参加过十多项国家和部委委托的课题，并向中央和有关部门报送数十篇研究报告。其中，《中非直接投资合作》获得中国社会科学院"2018年度优秀国家智库报告"。2012—2018年，获得中国社会科学院优秀对策信息二等奖（2篇）、三等奖（3篇）。